명상이 별거냐

명상이 별거냐

발행일	2021년 3월 12일		
지은이	고희석		
펴낸이	손형국		
펴낸곳	(주)북랩		
편집인	선일영	편집	정두철, 윤성아, 배진용, 김현아, 이예지
디자인	이현수, 한수희, 김민하, 김윤주, 허지혜	제작	박기성, 황동현, 구성우, 권태련
마케팅	김회란, 박진관		
출판등록	2004. 12. 1(제2012-000051호)		
주소	서울특별시 금천구 가산디지털 1로 168, 우림라이온스밸리 B동 B113~114호., C동 B101호		
홈페이지	www.book.co.kr		
전화번호	(02)2026-5777	팩스	(02)2026-5747

ISBN	979-11-6539-627-5 03180 (종이책)	979-11-6539-628-2 05180 (전자책)

(주)북랩 성공출판의 파트너

북랩 홈페이지와 패밀리 사이트에서 다양한 출판 솔루션을 만나 보세요!

홈페이지 book.co.kr   •   **블로그** blog.naver.com/essaybook   •   **출판문의** book@book.co.kr

명상이 별거냐

고희석 지음

일상에서
순간순간의 나를
바라보고 있을 뿐이다

북랩 book Lab

코로나19로 인해 일상생활이 무너진 게 벌써 1년이 넘어가고 있다.

코로나19가 우리 생활에 미치는 영향이나 변화는 신조어로 알 수

있다.

코로나 블루,

코로노미 쇼크,

코비디어트,

코로나케이션,

언택트,

포스트 코로나,

이 시국 여행,

집관,

확찐자,

작아격리,

돌밥돌밥,

재택근무,

집콕,

온라인 수업,

차박 등등

코로나19의 영향을 받지 않은 곳이 없다.

나라, 지역사회, 직장, 가족, 개인까지

사회적, 경제적, 문화적, 심리적 분야까지

우리를 둘러싼 모든 것에 영향을 주고 있다.

끝나지 않았고 아직도 진행 중이다.

코로나 블루는

코로나19로 우울에 빠져 무기력해진 모습을 표현하고 있다.

가족들은 재택근무와 온라인 강의로 집에 있는 시간이 많아지면서

알게 모르게 스트레스가 쌓여가는데,

코로나19에 대한 불안감으로 외부 활동이 꺼려져

사람을 만나 마음 풀 시간은 좀처럼 오지 않는다.

그러다 보니 마음 한구석에서는

답답, 불안, 초조, 걱정 등의 어두운 그늘이

조금씩 조금씩 커지고 있다.

코로나 블루는

코로나19 영향으로 발생한 모든 것을 함축하고 있다.

프롤로그

코로나19가 언제 종료될지 미지수다.

코로나19에 감염되었다가 회복된 사례를 통해 우려했던 것이

외상 후 스트레스 장애(PTSD)이고

지금도 PTSD에 대한 징후가 여기저기서 나타나고 있다.

코로나19가 종료되기 시작하면 본격적으로

PTSD에서 극복하기 위해 국가적, 사회적, 개인적 노력이 필요하다.

이 또한 장기간의 시간과 막대한 재정적 비용이 소모될 것이다.

코로나19로 인한 후유증은 이제부터 대비해야 한다.

지금부터 준비하고 대비하였을 때

포스트 코로나 시대에

좀 더 빨리 코로나 후유증에서 벗어날 수 있다.

코로나 블루에서 벗어나기 위해 자주 쓰이는 말은

마음의 심폐소생, 마음방역, 마음면역, 마음돌보기, 마음건강,

마음백신, 마음치료 등이다.

마음에 대해 이렇게 광범위하게 관심을 가진 적이 없다.

마음에 대한 관심은 코로나19 후유증을 극복하는 데도 도움이
된다.

코로나 후유증에서 벗어나기 위해서 쉽게 할 수 있는 것 중에

하나는 명상이다.

코로나를 겪으면서 사회적 거리 두기로 혼자 있는 시간이 많아졌다.

명상이 별거냐

여태까지 늘 함께했던 일과 사람에게서 떨어지게 되고,
나에게 집중할 수 있는 시간과 공간이 늘어났다.

홀로 있는 시간과 공간에서 무엇을 할 것인가?
코로나 블루라는 무기력에 빠질 것이 아니라
언택트 속에서 진정한 자기 모습을 바라볼 수 있는
성찰의 시간과 공간으로 만드는 것이다.

앞으로 명상은 여러 사람과 함께하는 명상에서
혼자 하는 명상으로 바뀐다.
명상은 생활 자체가 명상이 되어야 하고,
일상에서 명상의 소재를 찾아야 한다.
나만의 시간을 활용하여 명상하고,
순간순간 나를 위한 일상으로 만들어 가는 것이다.

그래서 생활명상이다.

코로나가 우리에게 준 선물이다.
새로운 시작을 하게 해주었기 때문이다.

생활명상은
지하철에서
밥하면서

양치하면서

걸으면서

밥 먹을 때

이야기할 때

횡단보도에서

화났을 때

커피 마실 때

잠자리에 들면서

일할 때

공부할 때

하는 것이다.

명상 그 자체는 목적이 아닌 방편이다.

자기 자신을 변화시키고 좀 더 달라지기 위해 명상을 한다.

사람 간의 관계 또는 일에서 느끼는 스트레스를 해소하고 싶고,

불안감, 고통, 초조에서 벗어나고 싶고,

집착, 욕망, 자존심, 열등감을 내려놓고 싶고,

그래서 세상에 당당하게 살고 싶다.

그런데 그게 마음대로 쉽게 되지 않아

명상을 하게 된다.

명상을 하다 보면 나를 변화시키기 위한 것이 아닌

누군가를 추종하고 의지하게 하고,

무엇을 하지 않으면 안 되고,

명상이 별거냐

정해진 방법을 따라야 하는 경우가 있다.

명상할 때 내가 중심에 있는 것이 아니라,

타인이나 외부의 무엇인가가 내 중심에 있게 되는 것이다.

자기를 변화시키는 데 타인에게 의지하는 것은

큰 도움이 되지 않는다.

자기 문제는 자기 스스로 해결할 수 있어야

진정한 변화를 기대할 수 있다.

자기가 달라지기 바란다면

자기 자신에게 집중하면 좋다.

그래서 생활명상을 하는 것이다.

일상에서 명상하다 보면 순간순간 자기 자신과 직면하게 된다.

더도 덜도 아닌 자기 자신의 있는 그대로의 모습이다.

그 모습에서 해결의 실마리를 찾을 수 있다.

스트레스받고 불안 느끼는 그 순간이다.

왜 스트레스받고

왜 불안을 느낄까?

스스로 자기 자신에게 질문을 던져보는 것이다.

자기 자신의 내면에 그 원인이 있음을 알고,

그 원인을 찾을 수 있고

볼 수 있어야 한다.

원인이 자기 자신의 내면에 있다는 것을 인정하고,

그 원인을 마음의 눈으로 보다 보면,
어느 순간 스트레스, 불안이
스멀스멀 사라지고 있는 것을 알게 된다.
이전의 자기 자신이 아닌
새로운 나로
다시 태어나는 것이다.

다시 태어나기를 일상에서 하는 것이
생활명상이다.

이 책은 가족, 일터, 사람 관계 등 일상에서 일어나는 감정, 생각,
행동을 소재로 하였다.
아내와 이야기하면서 떠올랐던 것을 기록하고,
아이와 대화하면서 느꼈던 것을 그때그때 정리하였다.
그리고 일터에서 있었던 것도 있다.
일상에서 일어난 감정, 생각, 행동에 매몰되지 않으면서 내 자신을
찾기 위한 노력이었다.

그래서 이 책은 명상 관련하여 일상생활의 여러 가지 상황에서
자신의 감정, 생각, 행동을 주시하면서
의식이 따라가야 하는 방향을 안내하고 있고,
그 과정에서 자기 자신을 셀프코칭 할 수 있게 하였다.
첫째 장은 명상에 대한 새로운 관점을 제시하면서,

명상이 별거냐

일상에서 자기 자신의 내면에서 이뤄지는
자기만의 감정, 생각의 프레임을 바라보고
그런 자신을 인정하고 내려놓았을 때
내 삶의 주인이 되는 것을 알려주고 있다.
둘째 장은 자신을 변화시켜 다시 태어나기(reborn) 하는 과정을
이해하기, 자기 바라보기, 자기 인정하기, 자기 내려놓기,
새로운 자기 만들기 단계로 제시하였다.
셋째 장은 다시 태어나기 이후 일상에서 발견되는
달라지는 자기 모습을,
넷째 장은 일상에서 순간순간 명상하는 방법을 제시하였다.

명상에 대해 이미 알고 있다면
이렇게 하는 게 명상이 될 수 있을까 의문을 가질 수 있다.
이렇게 하는 게 명상이 될 수 있다.
그래서 명상이 별거냐 이다.

2021년 3월
고희석

목차 ————————————————————————

프롤로그   004

1. 나는 걸으면서 명상을 한다

명상 이해하기

일상 자체가 명상   018

명상은 목적이 아니고 수단   022

명상은 무의식에 이르는 길   026

일상에서 자기 찾기   031

지금, 이 순간에 있기 ❶   035

지금, 이 순간에 있기 ❷   038

순간순간의 고요함을 맛보자!   040

바라보기

습관적이고 자동적인 생각 바라보기   044

일상의 자기 모습 바라보기   050

1인치 장벽 찾기   057

나를 내려놓으면 상대가 보인다   061

인정하기

자신을 당당하게 인정하기 064

자기 인정은 변화의 시작 070

그럴 수 있는 자신을 인정하기 076

내려놓기

무엇을 내려놓고 비우는 것일까? 082

습관적인 생각 멈추기 088

이야기 들어주기 092

나를 내려놓기 098

상투적인 '나' 빼기 103

관념에서 자유롭기 108

스스로 발목을 잡는 그것 113

가족 속에서 몸에 밴 것 120

기대하고 의지하려는 마음 126

보고 들리는 것이 전부가 아니다 131

내가 아는 것이 전부가 아니다 136

지금의 감정과 생각이 전부가 아니다 141

내 삶의 주인 되기

탄력적인 마음 갖기 145

내 삶을 리드하자 148

자기 바로 세우기 153

내 삶의 주인이 되자 158

2. 다시 태어나기: 리본(reborn)

첫째: 이해하기   167

둘째: 자기 바라보기   171

셋째: 자기 인정하기   176

넷째: 자기 내려놓기   181

다섯째: 새로운 자기 만들기   186

3. 일상에서 변화의 시작

생각의 전환   194

마음의 태도를 바꾸자   196

몸이 매워하는 것이다   198

참아라, 참아라, 참아라?   200

신념 그리고 불합리한 신념   204

나를 위해 음식을 만들자   207

아이가 나를 닮지 않길 바란다면   211

질문 잘하는 아이   213

질문의 내용도 중요하다   216

자문자답을 할 수 있어야 한다   219

알고 책을 보자   222

중용이라고 하는 것은   226

지혜를 배우는 방법   228

4. 생활명상 방법

지하철에서 236

밥하면서 239

양치하면서 242

걸으면서 246

밥 먹을 때 248

이야기할 때 251

횡단보도에서 253

화났을 때 255

커피 마실 때 258

잠자리에 들면서 260

일할 때, 공부할 때 262

나는
걸으면서
명상을
한다

명상 이해하기

바라보기

인정하기

내려놓기

내 삶의 주인 되기

일상 자체가 명상

⋮

⋮

⋮

명상!

명상이 우리 삶에 영향을 주고 있는 것은 분명하다.
그래서 시대가 변하고 시간이 흘러가도 명상에 대한 관심은
식지 않고 있다.

한때 마음에 들지 않는 성격을 고쳐보려고 명상을 하기 시작하였다.
작은 것에 예민하게 반응하는 성격이지만 명상을 하고 나면
마음이 차분해졌다.
덜 예민해졌다.
그러다 다시 예민해진다.
집중 명상을 해본다.
그럼 뭔가 더 좋아진 것을 느낀다.
다양한 신비한 경험도 하게 된다.
그런데 다시 예민해진다. 원래의 성격으로 돌아가는 것이다.

명상이 별거냐

명상하면 좋아지기는 하지만 뭔가 불만족이 있었다.
본래의 자기에서 나아지지 않는 것이다.

성격 자체가 변하지 않았다.
아주 답답했다.
왜 이럴까?

그러면서 여기저기 명상 수련하는 곳을 찾아다녔다.
단체마다 명상하는 방법이 있고 체계가 있어 뭔가 있을 것 같았다.
오랫동안 명상 수련을 해도 명상의 본질에 대해 알려주지 않았다.
명상의 본질을 알려주기보다 주변만 건드리고 있었다.

명상은 특정 장소, 특정 시간에 하는 것이라고 하지만 그게 아니다.
명상은 지금, 이 순간에 하고 있어야 한다.
일상생활에서 하는 것이다.
일상생활 자체가 명상이다.
일상생활에서 하는 것이 주이고,
특정 장소와 시간에서 하는 것은 보조적인 것이다.

일상생활에서 할 수 있는 명상의 방법으로 자기관찰이 있다.
자기관찰이라는 것은 주시자, 관찰자, 사띠와 같은 것이다.
늘 자신을 바라보고 있는 것이다.
그러면서 지금, 이 순간에 있는 것이다.

1. 나는 걸으면서 명상을 한다

그것뿐이다.

주시자, 관찰자, 사띠는 불교의 空과 도학의 無의 개념이 담겨있다.
공과 무는 불교와 도학뿐만 아니라 철학이나 과학에서도
찾아볼 수 있는 개념이다.
공과 무에 깔린 기본적인 개념은 고정된 것은 없고
모든 것은 변한다는 것이다.
주시하고 바라보고 있으면 변한다.
변하지 않는 것은 없다.

감정에 매몰되어 변하지 않는 것은 바라보고 있지 않기 때문이다.
감정에 매몰되어 있는 자신을 바라보면 매몰된 감정이 사라진다.
그리고 감정에 매몰된 이유에 대해 의문을 품는다.
왜?
왜, 그런 감정에 매몰되었을까?

늘 이런 의문을 품는 것이 하나의 명상이 된다.
왜? 라는 의문을 품는 순간이 명상하는 순간이다.

특정 장소와 시간에 하는 명상은 이미 지나간 과거다.
감정, 생각, 행동을 하는 지금, 이 순간이 현재다.
이 순간에 있을 때 감정, 생각, 행동을 바꿀 수 있다.
순간순간 자기 자신에게 직면하고 맞서야 바뀔 수 있다.

명상이 별거냐

명상은 특정 장소에서 특정 시간에 하는 것이 아닌
일상생활에서 하는 것이다.
감정에 빠진 지금, 이 순간에 자신을 발견하고 바라보는 것이
명상이다.
그러다 보면 어느새 자신이 바뀌고 있음을 알게 된다.

명상은 목적이 아니고 수단

⋮

⋮

⋮

명상은 목적인가 수단인가?

명상을 시작하는 동기는 불만족이다.

일상에서 보이는 '나'와 바라는 '나' 간에 간극이 발생한다.

그 간극이 줄어들지 않고 조금씩 조금씩 더 벌어진다.

이 방법 저 방법을 이용해서 간극을 줄이려 해도 줄여지지 않는다.

불만족이 답답함으로 이어진다.

그러면서 명상을 접하게 된다.

명상은 특정 종교와 무관하다.

어느 종교에서나 명상을 한다.

방법이 다를 뿐이다.

명상은 내면으로 되돌아가는 길이다.

어느 종교에서나 자신의 내면으로 돌아가거나

집중하는 것을 말한다.

명상이 별거냐

명상하는 것은 명상 그 자체가 목적이라기보다 수단이다.
성장하기 위한,
불만족을 해소하기 위한 수단이다.

수단이지만 명상에 대한 어느 정도의 지식이 필요하다.
처음 시작할 때는 하고자 하는 명상이 어떤 목적으로
어떤 방법으로 하는지 상세히 알아야 한다.
그리고 그 명상 방법이 나에게 맞는지도 체크해야 한다.
합리적인 의심이 필요하다.

그런데 명상을 하다 보면 특정 절차와 단계를
지속해서 이야기하거나 강요한다.
특정한 장소에서 특정한 방법과 단계를 거치면서 해야 할 것처럼
말한다.
느껴지거나 보이는 현상에 집착하기도 한다.
다른 사람들이 명상하면서 체험하는 현상에
자기도 그러고 싶은 욕망이 생긴다.
명상 자체에 대해 집중하는 것이 아닌 부수적인 감정이나 욕망에
빠지는 것이다.
명상이 수단이 아닌 명상 자체가 목적이 되어가는 것이다.
주객전도가 된다.

명상할 때 생각을 내려놓으라는 말을 한다.

그래서 명상에 잠길 때도 '생각을 내려놔야지'라는
속마음을 갖는다.
'내려놔야지'라는 생각도 하지 않아야 한다.

명상할 때 호흡에 집중하라고 한다.
그래서 명상에 잠기면서도 호흡이 짧으면 길게 하라고 하거나,
얕으면 더 깊게 하라고 한다.
호흡을 길게 하고 깊게 하려고 하면 더욱 호흡에 집착하게 된다.
호흡을 하는 것은 지금, 이 순간에 있기 위한
하나의 방법일 뿐이다.
호흡 자체에 너무 집착하다 보면 정작 해야 하는
내면 바라보기는 못 하게 된다.
명상을 하는 동안에는 호흡에 대한 생각 그 자체가 필요 없다.
호흡하고 있는 몸을 그대로 바라보고 일어나는 생각이나 감정을
바라보는 것이다.

명상한다고 하지만 막상 하는 것은
뭔가 잘해보려는 생각에 빠져있게 된다.
필요한 것은 그냥 무심하게 있는 것이다.
그래서 고요함을 느끼는 것이다.
명상의 방법과 절차는 고요함에 이르기 위한 하나의 수단이다.
고요함에 이르면 방법과 절차는 의미가 없다.
고요함에 이르면 그것으로 충분하다.

명상이 별거냐

명상을 어느 정도 하고 나면

명상 방법이나 절차에 얽매이지 않으려는 노력이 필요하다.

무엇보다 필요한 것은 명상하는 목적을 분명히 하는 것이다.

명상하는 것은 지금, 이 순간에 있고 고요한 상태를 유지하면서

일어나는 생각, 감정을 놓치지 않기 위해서다.

명상 그 자체가 목적이 아니라 수단이다.

명상은 무의식에 이르는 길

⋮

⋮

⋮

명상하면서 갖게 되는 답답함이 있다.
이 답답함은 그리스 신화에 나오는 시지프스가
돌을 굴려 꼭대기까지 올라가면 떨어져 버리지만
이런 행동을 반복하는 벌을 받는 이야기와 같다.

사람마다 다르지만 명상하는 이유는 누구나 가지고 있다.
언젠가 어린 학생들에게 명상하고 싶은 이유를 물은 적이 있다.
그때 학생들은 공부를 잘하고 싶어서, 집중력을 높이고 싶어서,
욱하는 성격을 고치고 싶어서, 고요해지고 싶어서, 마음의 평화,
마음을 가다듬기 위해서 등의 이유를 제시하였다.
어쩌면 나이와 관계없이 명상을 통해 바라는 것은
현재의 자신보다 좀 더 나아지는 것이다.

어떤 명상이든 어느 정도 집중해서 하면 바라는 것이 좋아진다.
그런데 시간이 흘러갈수록 다시 원래의 상태로 돌아오는 자신의

명상이 별거냐

모습을 보게 된다.

기억 속에서는 분명히 좋았던 경험이 있는데

지금은 그렇지 않은 것이다.

바쁘고 힘든 삶에 파묻히다 보면 명상해서 좋았던 기억만

남아있고 그냥 시간이 흘러가 버린다.

시간이 흘러가면서 명상을 해서 좋았던 기억은 분명히 있지만

현실에서는 이전 그대로 되돌아와 있다.

그 괴리는 조금씩 더 깊어진다.

그리고 다시 자신을 변화시키기 위해 기존에 했던 명상이 아닌

다른 방법을 찾게 된다.

그 방법을 배우고 지도받으면서 다시 좋아지는 것을 느낀다.

분명 변화하는 자신을 발견한다.

그런데 일상으로 돌아오면 이전의 자신으로 돌아가는 것이다.

그때일 뿐이다.

결과는 비슷한 패턴으로 흘러간다.

삶의 무게로 인해 명상했던 공간에서 멀어지고 시간이 지나면서

다시 이전의 자신으로 돌아간다.

시지프스의 신화를 카뮈는 부조리라고 하였다.

분명 돌을 굴려 올라가면 굴러떨어질 줄 안다.

그래도 다시 반복하는 것이다.

명상을 통해 자신의 무엇인가를 변화시켜보려는 노력이
시지프스의 신화의 모습과 같다.

부조리 같다.

노력해도 다시 이전의 모습으로 돌아간다.

이런 자신을 보면서 매번 안타까워할 뿐이다.

자기 삶의 모습이다.

이렇게 반복되기만 하고

궁극적으로 해결되지 않는 이유는 무엇일까?

무의식의 관점에서 접근하지 않고 의식의 차원에서 보기 때문이다.

다른 말로 하면 체득이 되지 않기 때문이다.

자전거 타는 법을 한번 배우면 자전거를 타지 않는 시간의 공백이

있어도 언제든 탈 수 있다.

몸으로 배웠기 때문이다.

변화하고 싶은 그 무엇인가가 잘 되지 않는 것은

무의식화되지 않았기 때문이다.

자신을 변화시키고 싶다면 무의식에 이르는 접근 방법이 필요하다.

학생들이 원했던 욱하는 성격을 고치고 싶다는 것은

성격을 고치겠다는 생각만으로 되지 않는다.

자기 내면 또는 무의식에 잠재하는

화를 내야 하는 불안, 불만족, 욕구불만 요소를 찾아내었을 때

가능하다.

의식에서 화를 내지 말아야지 하고 아무리 강한 의지를 내지만

명상이 별거냐

무의식에서 올라오는 화는 누구도 막지 못한다.

감정은 참는 것이 아니다.

있는 그대로 표출되어야 한다.

화라는 감정도 참는 것이 아니다.

어쩔 수 없이 올라오는 감정은 소중한 것이다.

내 삶이라고 인정해야 한다.

그리고 나서 무의식 속에 잠재해 있는 화를 낼 수밖에 없는

이유를 찾아봐야 한다.

내가 기대했던 것이 되지 않아 화를 내기도 하고,

내가 기대했던 대로 되지 않아

그 결과가 좋지 않아

다른 누구로부터 질타를 받을 것 같아 화를 내기도 한다.

사람마다 다양한 요인이 있다.

자신을 변화시키기 위한

좀 더 나아가 의식을 성장시키기 위한 명상은

무의식과 떨어져서는 설명이 되지 않는다.

명상도 특정 장소 특정 시간에 하는 것도 필요하지만

일상생활에서 늘 하고 있어야 한다.

자전거 타기를 하듯 무의식적으로 명상을 하고 있을 때

무의식에 다가갈 수 있다.

1. 나는 걸으면서 명상을 한다

그래서 나는 걸으면서 명상을 한다.

진정한 변화의 시작이다.

삶이 변하기 시작하는 것이다.

명상이 별거냐

일상에서 자기 찾기

⋮

⋮

⋮

명상을 일상에서 해야 하는 이유는

명상은 삶 자체가 되어야 하기 때문이다.

살아가는 순간순간은 자신의 본래 모습을 볼 수 있고 알 수 있는

기회를 준다.

자신의 모습은 드러난 것과 드러나지 않은 것이 있는데,

평소에 드러나지 않은 자신의 모습은 생활명상에서 찾을 수 있다.

고통스럽고 힘들고 즐겁고 기쁜 일은 삶의 일부이다.

명상은 고통스럽고 힘들고 즐겁고 기쁜 일이 있을 때

생각을 멈추고 자신을 바라보는 것이다.

의도적으로 의식적으로 보는 것이 아닌 자연스레 바라보는 것이다.

부모, 형제, 가족과 늘 함께하면서 즐겁기도 하지만

더는 함께할 수 없어 슬픔에 빠질 수도 있다.

하고자 하는 일이 순조롭게 이루어지는 경우도 있고,

일이 잘되지 않고 앞이 막막한 경우도 있다.

하고 싶은 일을 하면서 신이 나는 경우도 있고

하고 싶지 않지만 어쩔 수 없이 해야 하는 경우도 있다.

어느 경우에도

그러고 있는 자신을 바라볼 뿐이다.

어느 순간 자신을 바라보는 또 다른 자신을 발견하게 된다.

고통스럽고 힘들지만 지나가는 감정이다.

고통스러워하고 힘들어하지 말고,

고통스러워하고 힘들어하는 자신을 보는 것이다.

고통스러워하고 힘들어하는 자신을 이해하고 돌봐주는

또 다른 자신이 드러난다.

또 다른 자신에 의지하여 살아가면 고통스럽고 힘들지만

고통스럽고 힘들지 않게 된다.

즐겁고 기쁜 감정도 지속되지 않는다.

즐겁고 기쁘다고 그 감정에 빠지지 말고,

즐겁고 기쁜 감정에 빠진 자신을 보는 것이다.

즐거워하고 기쁜 일에 빠진 자신을 조금씩 끌어당기는

또 다른 자신이 드러난다.

영적인 활동을 위해 신앙생활을 주로 하는 사람들이 있다.

목사가 되기도 하고 신부가 되기도 하고 승려가 되기도 한다.

명상이 별거냐

영적인 성장을 위해 자기만의 방법으로 수행한다.

그리스도를 믿고 그에 의지하여 살아가고,

성모마리아에 의지하여 살아가고,

부처에 의지하여 살아간다.

성경을 보고 공부하고

불경을 보고 공부한다.

이런 사람들은 늘 명상을 한다.

자신의 모습을 늘 바라보고 있다.

고통스럽고 힘들고 즐겁고 기쁜 일은

영적 수행을 하는 사람에게도 온다.

이들에게 고통스럽고 힘들고 즐겁고 기쁜 일 자체는

수행의 수단이다.

이들의 삶은 수행이 목적이기에

일상에서 일어나는 일과

그 일에서 일어나는 감정은

수행의 좋은 기회를 준다.

일상에서 수행하는 것은

버스를 기다리고 있다가 버스를 타는 것과 같다.

일상에서 일어나는 일이나 감정을 잘 활용하지 못하는 것은

버스를 기다리다 버스를 놓치는 것과 같다.

스마트폰을 보고 있거나 엉뚱한 생각을 하고 있다가 말이다.

어쩌면 그 버스를 왜 타야 하는지도 까먹고,
눈앞에 버스가 지나가는데 그냥 보고만 있을 수도 있다.

수행인이라 하여 모두가 수행인이라 할 수 없다.
수행의 방법을 바로 알고 있지 못하면
겉만 수행하는 것이고 속은 일반인과 같다.
단지 입고 있는 옷이 수행자일 뿐이다.

그런데 목사, 신부, 승려같이 외적으로 수행자의 모습은 아니지만
일반인도 수행을 한다.
늘 자신을 바라보려고 한다.
늘 애쓰고 있다.
고통스럽고 힘들고 즐겁고 기쁜 일에 얽매이지 않는다.

일상의 삶에서 자신의 모습을 바라보려고 하는
그런 애씀이 있어야 한다.
그런 애씀이 있어야 자신의 모습을 바라보게 된다.
일상에서의 명상이다.

명상이 별거냐

지금, 이 순간에 있기 ❶

⋮

⋮

⋮

새로운 한 해가 시작된다.
새로운 오늘도 시작된다.
순간순간은 새로움의 연속이다.

새로움은 시간으로 이어진다.
2019년에서 2020년으로 바뀌니 새롭고,
12월 31일에서 1월 1일로 바뀌어 새롭고,
6시에서 7시로 넘어가니 새롭다.
시간은 늘 새로움의 연속이다.

공간도 새로움의 연속이다.
서울에서 대구로 오면 새롭고,
다시 대구에서 서울로 가면 새롭다.
집에서 직장으로 가고 직장에서 집으로 온다.
계속해서 새롭다.

집안에서도

거실에서 서재,

서재에서 안방,

안방에서 화장실로 간다.

새로움의 연속이다.

시간이 흘러가고 공간이 바뀌면서 늘 새로움이 이어진다.

그런데 시간과 공간이 새로워진다고 해서 '나'도 새로워질까?

새로워지려고 해도 새로워지려는 마음만 있지 늘 이전의 마음을

갖고 다닌다.

새해가 되었지만, 지난해 가지고 있던 걱정이 아직 남아있다.

대구로 왔지만, 서울에서 가지고 있던 고민했던 마음은 그대로다.

화장실에 가서 양치질하면서도 다른 생각을 한다.

마음은 시간이 바뀌고 장소가 바뀌어도 그냥 그대로다.

다 변해가는데 '나'는 변하지 않는다.

마음은 지나간 시간과 공간에 머물러 있지 않아야 한다.

지난해에 머물러 있지 않고,

어제에 머물러 있지 않고,

한 시간 전에 머물러 있지 않고,

조금 전에 머물러 있지 않아야 한다.

그러면 새로워진다.

명상이 별거냐

지난해의 일이 어떻게 영향을 주고 있고,

어제의 일이 어떻게 영향을 주고 있고,

좀 전의 일이 어떻게 영향을 주고 있는지

주시하고 있어야 한다.

주시하고 있다가 지나간 일에 머물고 있는 그게 보이면 된다.

보이면 그것을 인정하면 된다.

지난해의 일이

어제의 일이

좀 전의 일이

감정과 생각에 영향을 주고 있구나!

그러면 조금씩 새로워진다.

새로운 한 해,

새로운 오늘,

새로운 이 순간은

지난해에 머물려는 마음,

어제에 머물려는 마음,

좀 전에 머물려는 마음을

알아차리는 데서 시작된다.

오로지 지금, 이 순간이다.

지금, 이 순간에 있기 ❷

⋮

⋮

⋮

순간순간에 있다는 것은 좋다.
지나간 일도 아니고 다가올 일도 아닌
지금 하고 있는 일에 그냥 있는 것이다.
지금, 이 순간에 있는 것이다.

누군가와 이야기할 때 그냥 상대의 이야기를 들어준다.
무슨 말을 해야 할까 생각하지 않아도 된다.
이야기에 응해주지 않으면
상대가 어떻게 생각할까 염려할 필요가 없다.
그냥 듣는다.
그러다 보면 보인다.
내가 보이고 상대가 보인다.

상대에게 이야기를 했는데 상대가 바로 "그게 아니고요"라고 한다.
그때 기분이 약간 상하지만, 그럴 필요가 없다.

명상이 별거냐

상대가 무슨 말을 하고 왜 그러는지 유심히 들어봐라.

상대가 보인다.

상대는 자신이 하고 싶은 말을 그냥 하고 있을 뿐이다.

습관적이고 반사적인 행동에서 상대가 보인다.

그 사람의 패턴이다.

늘 그렇게 살아왔다.

상대는 그런 자신을 전혀 모른다.

그렇지만 나는 보게 된다.

습관적이고 반사적으로 하지 않는다.

뭔가 말을 하고 싶어도 일단 멈춘다.

그냥 상대의 이야기를 듣는다.

지금, 이 순간에 있기 위한 연습이다.

그러다 보면

밥 먹을 때는 밥만 먹게 되고,

공부할 때는 공부만 하게 되고,

문제를 해결하기 위해 그 문제에 몰입할 수 있다.

습관적인 생각이나 행동에서 벗어나게 된다.

감정과 생각, 행동에서 자유롭게 된다.

순간순간의 고요함을 맛보자!

⋮

⋮

⋮

명상하다 보면 고요함에 접하게 된다.

명상은 자신의 내면에 집중하는 시간이다.
외부와의 접촉과 단절되는 시간이다.
자신만의 시간이 된다.
그러다 보면 조용하고 더 나아가 고요해지는 순간을 맛보게 된다.
맛있다.
맛있는 순간이 길지는 않다.
그래도 맛있다.

일상생활은 아주 분주하고 복잡해서
내 시간을 갖기 어렵다.
누군가로부터 카톡이 오고
밴드의 공지가 울리며
문자도 오고 전화도 온다.

명상이 별거냐

그때마다 이런 생각 저런 생각을 하게 된다.

그리고 누군가와 대화를 하고

문제를 해결하기 위해 생각을 하게 된다.

생각의 연속이다.

자기를 위한 시간이 아니다.

우리 뇌는 몸 전체의 2%에 불과하지만,

뇌가 사용하는 에너지는 몸의 20%를 쓴다.

생각하면 할수록 에너지 소모가 많고,

생각을 줄일수록 에너지 소모가 적다.

명상을 하면 뇌파가 안정된다.

일상생활에서는 뇌파가 높게 작용하다가,

명상을 하면 뇌파가 낮게 떨어진다.

생각이 줄어들고 덜 피곤하다.

뇌파가 안정되고 내면이 고요해지면 달라지는 것이 있다.

고요해지면 고요해질수록 지혜가 나온다.

풀리지 않은 문제가 문득 풀릴 때도 있고,

예상치 않았던 새로운 아이디어가 떠오를 때도 있다.

직관이 움직인다.

고요함이 늘 지속되는 것은 아니다.

그럴 수도 없고 그럴 필요도 없다.

일상의 삶을 살아야 하기 때문이다.
고요함은 순간순간이다.

고요함을 얻기 위해서는 각자에게 맞는 스킬이 필요하다.
어쩌면 이 방법을 얻기 위해 다양한 명상법이 있는 것이다.

걸어 다닐 때는 걸어 다니는 것에 집중하면 된다.
그냥 걷는 것이다.

걷다 보면 많은 생각을 하게 된다.
생각이 들어올 때마다 자신을 느껴본다.
한 생각이 들어오면 그 생각에 빠진 자신을,
뭔가 걱정을 하고 있다면 걱정을 하고 있는 자신을,
그리고 생각과 함께 움직이고 있는 감정도 함께 느껴본다.
생각에 빠져있고 감정에 흔들려 있는 자신을 보면서
그냥 걷는 것이다.

버스를 기다리거나 지하철을 기다릴 때,
버스나 지하철 안에 있을 때,
그냥 자신의 호흡을 느낀다.
그 호흡의 숫자를 센다.
숫자를 세는 동안 다른 생각이 끼어들면 처음부터 다시 시작한다.
그러면서 긴장되고 초조했던 감정이나 생각이 가라앉는다.

명상이 별거냐

버스 또는 지하철을 기다리는 짧은 시간은 명상하는 시간이다.
이 시간을 잘 활용하면 고요함을 쉽게 느낄 수 있다.
생각하기보다 호흡을 느끼고 호흡을 세어본다.
의식이 깨어있는 것이다.

주변에 있는 여러 가지는 생각을 일으키게 한다.
버스 정류장, 지하철역, 버스 안, 지하철 안 곳곳에 널려있는
광고도 그렇다.
보려고 하지도 않았는데 광고가 눈에 들어온다.
어느새 속으로 보고 있고 생각하고 있다.
쉬지 않고 생각하게 된다.
광고가 보이면 속으로 읽어본다.
자각하는 것이고,
무심결에 하던 생각을 멈추게 된다.

걸어 다니면서 순간순간 알게 되는 고요함의 맛을 느껴보자.
맛있다. 그 맛에 탐닉해 보자.
짧지만 달짝지근한 맛이다.
그 맛을 찾기 시작하면 명상이 무엇인지 알게 되는 것이다.

습관적이고 자동적인 생각 바라보기

⋮

⋮

⋮

습관적이고 자동적인 생각 바라보기는
습관적이고 자동적인 생각을 하지 않기 위해서이다.

그럼 습관적이고 자동적인 생각은 무엇일까?

생각은
언젠가 누군가에게서 들어서 알고 있는 것을 가지고 재구성하고,
살아오면서 배우고 경험한 모든 것을 끌어온다.
이미 알고 있는 어떤 정보가 어떤 과정을 거쳐
생각으로 나오는 것이다.
그 생각은 감정이라는 메커니즘을 통과하면서
한쪽으로 치우치거나 잘못된 방향으로 이끈다.
습관적이고 자동적인 생각은
이미 알고 있는 내면의 어떤 정보를 끌어오는 것을 말하고,
습관적이고 자동적인 생각 바라보기는

명상이 별거냐

이미 알고 있는 내면의 어떤 정보를 끌어오는 것을 바라보는 것이다.

사과를 하나 생각해 보자.
사과를 사과라고 배운 것은 영어를 배우면서다.
영어 시간에 사과 그림을 보여주면서 애플이라고 배웠기 때문이다.
아마 나이를 떠나서 애플이 사과라는 것을 모르는 사람은 없을 것이다.

사과를 그려보자.
자기가 생각하는 사과를 그린다.
그림에 재주가 있으면 아주 예쁜 빨간 사과를 그리고,
아니면 동그란 사과를 그리기도 한다.
한 개를 그리거나 여러 개를 그리기도 한다.
크기도 하고 작게도 그린다.
그린 사과는 천차만별이다.

사과를 그리라고 했을 때 사과만 생각할까?
아니다.
사과를 생각하는 순간에 사과와 연관된 자신만의 경험과
그 경험에 따른 감정도 함께 올라온다.
기억 속에는 현상 그 자체 외에도
감정 또는 숨겨져 있는 무의식적인 요소도 함께 있다.

이때의 감정과 무의식적인 것은 그 사람만의 것이라 주관적이다.

그래서 사과를 그리라고 하면 모든 사람은
똑같은 사과를 그리지 않고 각자의 사과를 그린다.
그린 사과에는 경험을 통해 쌓인 감정이나 더 나아가 무의식까지
포함되어 있기 때문이다.
일상생활에서 의식에 드러나지 않은 감정이나 무의식이
순간순간 모습을 드러내려고 하고 있고,
그 감정이나 무의식이 각자의 삶에 영향을 주고 있지만 관심이
없다.

습관적이고 자동적인 생각 바라보기는
사과를 보았을 때 사과와 연관되어 있는 감정이나 무의식에 의해
뭔가 치우친 생각을 바라보는 것이다.
습관적이고 자동적인 생각을 하지 않으면
사과라고 하면 그냥 사과일 뿐이다.

그림 심리를 할 때 활용하는 소재로 해와 달이 있다.
해와 달을 그려보라고 하면 그 사람이 생각하는 해와 달을 그린다.
한 사람 한 사람 모두 개성을 가지고 있고 똑같지 않듯이
그 사람이 그린 해와 달도 그렇다.
해를 하나가 아닌 여러 개를 그리거나,
달을 두 개 그리는 사람이 있다.

명상이 별거냐

해를 크게 그리거나, 아니면 달을 크게 그린다.

해와 달을 붙여서 그리거나,

멀리 서로 반대쪽에 해와 달을 그리기도 한다.

해와 달을 그린 것으로 그 사람의 심리를 분석한다.

해는 남자를 달은 여자를 의미하는데

해와 달을 그리면서 자기의 무의식이 투사된다.

생각을 내 의지로 하고 있다고 하겠지만,

내 의지와 무관하게 이루어지고 있는 것이 생각이다.

생각에는 드러나 있는 것도 있지만,

드러나지 않고 감춰져 있는 것이 더 많다.

감춰져 있는 것은 잠재의식 또는 무의식이다.

습관적이고 자동적인 생각 바라보기는

내면 깊은 곳에서 올라오는 자기도 모르게 움직이는

무의식에 의해 한쪽으로 치우친 생각을 바라보는 것이다.

길을 가다 누군가가 자신의 별명을 부른다.

그 순간 반응하는 행동도 여러 가지다.

반가운 마음에 '누구지?'라고 할 수도 있고,

뭔가 불쾌한 감정이 들 수도 있다.

반가운 마음이든 불쾌한 감정이든 순간적으로 일어나고,

이어서 감정에 따른 행동을 하게 된다.

학교 때 별명으로 인한 상처가 있다면,

그 소리를 듣는 순간에

수치심, 화, 복수심 등 복잡한 감정이 올라온다.

몸이 뜨거워지고 얼굴이 화끈거린다.

그런데 곧 알게 된다.

아무것도 아니었다.

잘못 들은 것이다.

자신은 학교 때 별명이라고 들려서 옛날 생각이 났는데

그게 아니었다.

내면에 늘 가지고 있던 드러내고 싶지 않은 감정이 잘못 들은 것
으로 인해 올라온 것이다.

이것도 습관적이고 자동적인 생각이다.

이런 순간에 자신의 습관적이고 자동적인 생각을 바라볼 수
있어야 한다

이름에도 관련된 감정이 함께 있다.

어떤 모임에서 정치적 이슈가 되었던 '조국'이라는 이름이 대화의
소재가 되었다고 하자.

그러면 각자의 생각이 이어진다.

아마 좌, 우, 중도로 나뉘어 열띤 논쟁을 할 것이다.

여기에서도 한 사람 한 사람 갖고 있는 생각이 다르다.

개인적 감정에서 비롯된 것이 정치적 신념으로 투영된다.

명상이 별거냐

생각 바라보기는

사과, 해와 달, 별명, 이름과 함께 딸려 나오는 감정까지 포함한다.

그 감정은 무의식에 해당한다.

평소에는 드러내지 않다가 특정 상황이 되면 나타난다.

그 감정 또는 무의식을 자기 자신이라고 여긴다.

그래서 그 감정에 매몰되어 치우친 생각을 하게 되고,

그로 인해 다른 생각을 못 하게 된다.

바라보기가 되면 그럼 감정, 무의식을 조절할 수 있게 된다.

내가 주인공이 되는 순간이다.

일상의 자기 모습 바라보기

⋮

⋮

⋮

걸으면서 명상을 한다는 것은 일상생활에서 명상을 한다는 의미다.

걷는다는 것은
산책을 하면서 걷는 것도 되지만
아침에 일어나서 화장실에 가는 것도 되고,
출근하거나 외출할 때 버스나 지하철을 기다리는 시간도 되고,
버스나 지하철을 타서 이동하는 시간도 되고,
집이나 밖에서 누구와 아니면 혼자서 밥 먹는 것도 되고,
누군가와 대화를 나누는 것도 되고,
낮에 잠시 눈을 감고 쉬는 것도 된다.

그냥 일상에서 명상하는 것이다.
왜 일상에서 명상해야 할까?

자신의 모습이 그대로 드러나기 때문이다.

명상이 별거냐

삶 자체이기 때문이다.

명상하는 목적은 사람마다 다르다.
그러나 현재의 자신에게 만족하지 못해서
좀 더 나아가기 위한 마음은 누구나 갖고 있다.
학생은 공부를 잘하거나 친구 관계를 위해,
직장인은 일을 잘하거나 대인 관계를 위해,
소통을 잘하기 위해,
창의적 사고를 위해,
잠을 잘 자기 위해,
육체적 또는 영적 건강을 위해서
명상을 한다.

어떤 목적이든 나아가기 위해서는
자신의 모습을 볼 수 있어야 한다.
현재의 모습을 바로 보는 것이다.
스쳐 지나가듯 자신을 보는 것이 아니라
뚜렷하게 인식하는 것이다.
어느 순간만 보는 것이 아니라 늘 보고 있는 것이다.

자신의 모습은 어디서 어떻게 찾을 수 있을까?
일상에서 찾는 것이다.
화장실에서, 버스나 지하철에서, 밥을 먹다, 이야기하다가 말이다.

순간순간 보이는 자신의 모습이 본래 자기 모습이다.

숨길 수 없다.

'아! 나는 이런 사람이구나'라는 것을 알 수 있다.

내가 어떤 사람이라는 것을 아는 것이

내가 나아가기 위한 준비단계다.

길을 가다 제 발에 걸려 넘어지거나 무엇인가에 걸려 넘어진다.

넘어지는 순간을 자세히 들여다보면 잠시 딴생각을 하고 있다.

그러다 발이 꼬이거나 작은 돌이나 높지 않은 턱에 걸린다.

일상에서 자주 있는 일이다.

그럴 때 작은 돌이나 높지 않은 턱에 화를 내기보다 왜 넘어졌지?

한번 생각해 본다.

원인은 나에게 있음을 알 수 있다.

무엇인가에 골똘히 빠져 있다가 넘어진 것이다.

평소 같으면 아무 일도 없었을 텐데 말이다.

일상에서 많은 시간이 생각 속에 있다.

그러면서 놓치고 있는 것이 많다.

순간을 놓치고 있다.

나 자신을 발견하기 위해서는 생각을 멈추는 시간이 필요하다.

밥을 먹다가 혀를 씹는 경우도 있다.

딴생각하고 있었다.

밥도 먹어야 하고 머리로는 어떤 문제도 해결해야 하고,

명상이 별거냐

순간 복잡한 마음으로 밥을 먹다 혀를 씹는다.

고통스럽다.

이때는 누구 탓도 할 수 없다.

그런 나를 인정하는 것이다.

음. 딴생각하다 그랬네!

순간을 놓치고 있었네!

겨울에 고속도로에서 블랙 아이스로 교통사고가 많이 발생한다.

블랙 아이스는 날씨가 추워지면 도로 위에 얇게 깔리는

얼음막이다.

겨울 교통사고의 원인 중 하나는 이 블랙 아이스다.

블랙 아이스 지역에서는 얇은 얼음막 때문에

차량을 마음대로 제어할 수 없다.

그런데 블랙 아이스 지역이라고 하여

모든 차량이 사고가 나는 것은 아니다.

과속을 하거나 방향 전환을 하면서 많이 일어난다.

아니면 블랙 아이스 지역에서 운전자가 스마트폰을 쓰고 있거나

딴생각을 하고 있다가 사고가 나기도 한다.

출발할 때 날씨가 추워져서 블랙 아이스가 있을 것이라 생각하고

주의하여 운전한다면 사고가 날까?

사고 위험이 적어진다.

위험한 요소를 예측하는 것이기도 하고 위험이 보이기 때문이다.

보이니 대비할 수 있다.

늘 깨어있는 것이다.

다가오는 것에 염려하고 걱정하는 것이 아니다.

아무 생각 없이 산만하게 운전하는 것이 아니라 주위에 집중하는 것이다.

그러면 보이는 것이 많다.

운동선수들이 연습할 때 비디오 촬영을 해서 본인의 모습을 그대로 보여주기도 한다.

말로 아무리 잘못된 자세를 이야기해도 고쳐지지 않는 것을 촬영해서 보여주면 달라지기 시작한다.

시각적인 효과로 인해 자신의 모습을 명확하게 인식하기 때문이다.

걷다가 넘어지고, 밥을 먹다 혀를 씹고,

블랙 아이스에서 사고가 나는 순간을

비디오로 촬영하여, 그 장면을 볼 수 있다면

그런 행동을 다시는 하지 않을 것이다.

뚜렷하게 자신의 모습을 봤기 때문이다.

일상에서의 명상도 마찬가지다.

걷다가 넘어지지 않고,

밥을 먹다 혀를 씹지 않고,

블랙 아이스에서 사고가 나지 않고,

잘못된 자세를 고치기 위해서는,

　　　　　　　　　　　　　　　　　명상이 별거냐

순간순간의 자신의 모습을 볼 수 있어야 한다.

일상에서 자신의 모습을 발견할 수 있어야 한다.

일상에서 나를 발견하기 위해 해야 할 것이 하나 있다.

생각하는 습관을 고치는 것이다.

늘 생각하는 습관에서 벗어나 보는 것이다.

생각하지 않고 그냥 있어 본다.

그러다 생각이 들면 생각이 시작되었구나 하고 바라본다.

생각이 없는 순간이 있다.

그 순간을 좀 더 유지해 본다.

생각하지 않고 있으면 자신의 모습이 문득 보인다.

늘 생각에 차 있으면 자신의 모습이 보이겠는가?

보이지 않는다.

생각하지 않는 순간에 자신의 모습이 조금씩 조금씩 보인다.

이 말을 왜 하려고 하는지 그 의도가 보이고,

이 말을 하려고 언제 마음을 정했는지도 보인다.

왜 조급해하는지도 보이고,

왜 불안해하는지도 보이고,

왜 열등감을 느끼고 있는지도 보인다.

자신의 모습을 알아차리기 위해 생각을 멈추는 것이다.

순간순간 보이는 자신의 모습은 그 순간이 지나면 잊어버린다.

생각을 멈추고 있으면 일상의 순간순간이 느껴진다.
늘 관심을 두고 있으면 자신의 모습이 조금씩 보이기 시작한다.
그렇게 시간이 쌓이면 자신의 모습이 형체 아닌 형체로 보인다.

지금 나의 모습을 또 다른 내가 보고 있다.
일상에서 자기 바라보기가 시작된 것이다.

명상이 별거냐

1인치 장벽 찾기

:

:

:

"1인치 자막의 장벽을 뛰어넘어라.
그럼 훨씬 더 많은 영화를 즐길 수 있다."

어느 영화감독이 말한 내용이다.

고정관념을 버리라는 말이다.
자기만의 세계를 고집하고 구축하려고 하는 사람에게 던지는
메시지다.
스스로 만든 굴레에서 벗어나 새로운 것을 보라는 것이다.
어쩌면 세상은 더 넓고 광활하다.
그런 세상을 인정하라는 것이다.
영화에 국한된 이야기가 아니며,
어디에서나 해당된다.

자신들만의 영역에서 문을 닫고 있는 것은 어느 한편

불안감을 가지고 있다는 것이다.
그 불안감은 또한 열등감에서 비롯된다.

사람들은 누구나 1인치 자막의 장벽을 가지고 있다.
이 장벽은 얼마나 큰지 보이지도 않을 지경이다.
그런데 장벽을 넘고 나면 1인치도 안 되는 별거 아닌 것이다.
그렇지만 1인치 장벽을 넘는 것이 그리 쉽지는 않다.

꼰대들이 하는 말 중에는 '어딜 감히(where)',
'내가 누군지 알아(who)'라는 것이 있다.
'어딜 감히'는 자기 영역을 넘지 말라는 것이고,
'내가 누군지 알아'는 자기를 알아달라는 것이다.
자기가 최고이고 자기를 알아달라는 것이다.
자기를 내려놓는 것은 있을 수 없다.
1인치 장벽을 치고 있고
자기만의 울타리에서 살고 있다.

누구나 1인치 자막의 장벽을 가지고 있다.
그것을 모르고 있을 뿐이다.

부부간에도 1인치 장벽을 가지고 있다.
아내는 밖에서 있었던 일을 그냥 말하고 싶은데,
남편은 아내의 말을 들으면서 자기의 의견을 말한다.

명상이 별거냐

아냐, 이렇게 해야지,

이러는 게 더 좋아.

아내는 그냥 무의미하게 수다를 떨고 싶었을 뿐이다.

아내는 벽을 느낀다.

아내는 무엇인가 고민한다.

며칠이고 혼자서 깊은 생각에 빠졌다.

스스로 정리하기 위해 애를 쓴다.

남편은 '아내가 언젠가는 말을 하겠지'라고 생각한다.

그런데 아내는 전혀 말이 없다.

어떤 일이든 고민할 게 있으면 함께 했으면 좋겠는데.

남편은 아내에게 벽을 느낀다.

친구 관계에서도 1인치 장벽은 있다.

한 친구가 자기의 이야기를 하려고 한다.

친구가 인정해 주고 이해해 주길 바라는 마음도 있지만,

그냥 이야기하고 싶은 것이다.

그런데 다른 한 친구가 이야기하려는 친구의 말에 계속 끼어든다.

장난기 섞인 말투도 있다.

이야기하려는 친구는 벽을 느낀다.

그냥 내 이야기만 들어주면 좋겠는데.

그냥 그뿐인데.

1인치 장벽을 찾아봐라.

그리고 그 장벽을 인정하라.

용기를 내라.

아무 일도 일어나지 않는다.

그러면 장벽은 없어진다.

그럼 훨씬 더 많은 이야기를 들을 수 있다.

더 넓은 세상을 볼 수 있다.

자유로워진다.

명상이 별거냐

나를 내려놓으면 상대가 보인다

⋮

⋮

⋮

'나를 내려놓기' 하고 나면
상대가 보이기 시작하여 이해가 되고
갈등이 해소되고 번뇌가 사라진다.
편해진다.

상대와 이야기할 때 자신이 우선이다.
자신이 가지고 있는 판단 기준이 있고,
이 판단 기준은 그 사람이 삶을 살아온 결과이기에
쉽게 바뀌지 않는다.

같은 시간에 같은 공간에서 같은 일을 하는 두 사람이 있다.
그 공간의 주인은 일하는 사람에게 마음의 상처를 많이 준다.
자신이 생각하는 기준에 못 미치고 마음에 차지 않으면
말로 톡 쏜다.
일하는 두 사람은 마음이 아프고 상처를 받는다.

매번 그렇다.

마음의 상처가 생기기 시작한다.

이 두 사람은 스트레스로 인해 일에 대한 열정이 식는다.

그래도 주인은 두 사람에게 주인처럼 생각하고 행동하기를 계속 요구한다.

두 사람은 한 가지 일에 대해 서로 다른 생각을 갖고 있다.

한 사람은 이렇게 하면 좋겠고,

다른 한 사람은 저렇게 하면 좋겠다는 생각을 한다.

일을 마치고 나오면서 그날 있었던 일에 대해 서로 이야기한다.

한 사람이 상대에게 "이렇게 해야지, 왜 저렇게 해?"라고 한 마디 툭 던진다.

다른 한 사람은 당황한다.

주인이 하는 말투이기 때문이다.

다른 한 사람은 다시 동료에게서 마음의 상처를 입는다.

그래서 일도 싫어지고 함께 일하는 사람도 싫고 주인도 싫어진다.

다 싫다는 생각만 하게 된다.

두 사람 사이에 골이 생긴 것이다.

주인으로부터 스트레스를 받지 않기 위해 애를 쓰다 보니

서로의 탓으로 돌린다.

자신만 있고 상대는 보이지 않는다.

좋았던 관계가 시간이 흐르면서 멀어지려고 한다.

　　　　　　　　　　　　　　　　　　　명상이 별거냐

이런 상황에서 나를 내려놓기가 쉽지 않다.

내려놓을 '나'를 찾을 수도 없다.

각자는 주인에 대한 스트레스로 자기 자신만 있다.

상대가 보이지 않는다.

그러다가 상대가 '왜 그런 말을 했을까?'라고 의문을 가지게 된다.

나를 내려놓은 것이고

나에게서 벗어나기 시작한 것이다.

몇 번이고 생각하게 된다.

문득 상대도 스트레스가 심했겠네, 라는 생각에 미치게 된다.

아, 나만 스트레스를 받은 것이 아니라 상대도 그렇구나.

조금씩 이해가 된다.

'나'만 있던 마음에 '너'도 들어오기 시작했다.

'나'를 내려놓는 여유를 갖게 되면

바라보는 것이 나를 넘어 상대도 보게 된다.

'나'를 내려놓는 것이 힘들지만 조금 마음을 열면 내려놓을 수 있다.

열린 마음을 가지고 있으면 상대가 하는 이야기가 들린다.

그도 스트레스를 받고 있구나.

그래서 그런 말을 하는구나.

상대에 대해 갖고 있던 불편한 마음이 스르르 녹는다.

자신을 당당하게 인정하기

⋮

⋮

⋮

바로 가기 위해서는 자신을 인정해야 할 때가 있다.

지금 가고 있는 길이 그르다는 것을 인정하였을 때

멈춰 서서 왔던 길을 다시 돌아갈 수 있다.

스스로 인정할 수 있어야 한다.

인정하는 것은 자신에 대한 수용이고 자신감, 당당함의 표현이다.

기간제 교사라는 눈에 보이지 않는 신분에 늘 자신을 옥죄고

있던 교사가 있다.

그 교사에게 동료 기간제 교사가 열심히 하지 말고

중간만 하는 것이 좋다고 조언한다.

기간제 교사이기 때문이다.

그냥 주어진 일에 열심히 몰입하던 그 교사는

갑자기 생각에 빠진다.

그렇지 기간제 교사지.

명상이 별거냐

왜 열심히 하고 있지? 1년 지나면 이 자리에 없을 수도 있는데.

열심히 한다고 누가 인정해 주나?

정교사들은 자신을 이용만 하는데.

열심히 하려던 마음을 던져버린다.

그때부터 누가 업무에 관해 물어도 "모르겠다",

또 어떤 일에 대해 의견을 물어도 "모르겠네요".

영혼 없는 태도로 돌변했다.

그러다 어느 선배 교사가 이 교사에게 이야기한다.

"혹시 본인이 기간제 교사라고 생각하고 있지 않나?"라고 말이다.

아차! 이때 알아차린다.

부정적 생각에 빠져 있었다는 것을 안 것이다.

이 교사는 자신을 일깨워준 선배 교사에게 당당히 말한다.

잠시 자신에 대해 부정적인 생각을 할 수 있지 않느냐고 말하면서,

부정적 생각에서 이제 벗어났다고 자신 있게 말한다.

자신이 부정적 생각에 빠져 있었던 것을 당당하게 인정한 것이다.

그리고 매사 적극적으로 일을 처리하는 본래의 자신으로 돌아왔다.

어느 드라마의 이야기다.

일상에서 늘 있는 이야기다.

누군가가 옆에서 부정적이고 자극적인 말을 하면,

그로 인해 마음이 변하기 시작한다.

그 말에 대해 왠지 모르는 약점을 갖고 있으면
마음의 변화는 더 격렬해진다.
부정적인 생각이 수렁에 빠지듯 계속 빠져든다.

이때 수렁에 빠지는 자신의 모습을 알게 되고
그런 자신을 인정하면 빠져나올 수 있다.
잠시 잘못된 생각을 하고 있었구나.
부끄러울 일도 아니고 숨길 일도 아니다.
그럴 수 있다.
사람이기 때문에.
인정하면 된다.
인정하고 나면 잊고 있었던 본래의 자기로 돌아갈 수 있다.

부정적인 생각에 빠지는 것은 남에 의해서가 아닌
자기 스스로 빠지기도 한다.
바라고 기대하는 마음이 있었는데 상대가 그에 상응하는 반응을
하지 않을 때가 그렇다.

부모는 자식을 바라볼 때 자신을 투사한다.
엄마는 아이가 공부를 잘해 주길 바란다.
아이에게 말할 때 자신이 공부했던 경험을 자주 말한다.
그런데 아이는 공부에 대해 자존감이 떨어진다.
하는 만큼 원하는 만큼 결과가 좋지 않아서 말이다.

명상이 별거냐

어느 날 아이가 선생님으로부터 공부는 아니지만

다른 활동으로 칭찬을 받고 왔다.

아이는 고무되었다.

그래서 아이는 엄마에게

칭찬받고 온 일을 자세하게 하나하나 이야기한다.

아이에게는 의미 있는 칭찬이었고

자신의 장점을 다시 생각하게 하고

자존감을 가질 수 있는 경험이었다.

그런데 엄마는 아이의 말을 듣고, 바로 공부나 열심히 하라고 한다.

아이는 실망했다.

아이는 엄마가 공부로만 자신을 평가하고 있다는 것이 왠지 슬펐다.

자존감 오르던 아이가 엄마의 말을 듣고 다시 의기소침해진다.

한참 시간이 지나서 엄마는 아차 한다.

아이의 마음을 이해하고 힘을 실어줘야 하는데,

오히려 힘을 빼버렸다는 것을 안다.

아이를 이해한 것이다.

엄마 스스로 자기 생각에 갇혀 있었다는 것도 안다.

엄마는 자신의 실수를 아이에게 말하고 인정한다.

아이에게 다가가서 아이가 칭찬받은 경험에 관해 이야기한다.

그리고 엄마의 마음도 이야기한다. 그렇지 않다고.
상황을 돌리지는 못하지만
자신의 실수를 인정하고 아이의 마음을 돌리려고 노력한다.

이런 실수는 일상에서 자주 반복된다.
실수는 누구나 한다.
그러나 실수를 인정하는 것은 누구나 하지 않는다.

부부 관계에서도 서로 뜻하지 않은 일로
상대에게 오해를 일으키는 일이 있다.
남편이 밥을 먹다가 다른 생각으로 얼굴이 굳어진다.
남편이 밥을 먹다가 자주 생각에 빠지는 것을 아는 아내는
남편에게 "뭔 생각하고 있었냐?"라고 묻는다.
이때 남편이 '아차, 생각에 빠져 있었구나' 인정하면 된다.
그럼 넘어간다. 별일이 아니다.

그런데 남편이 아내가 한 말에 욱하고 감정이 올라오는 경우도 있다.
밥 먹는데 웬 잔소리를 하느냐고 말이다.
자존심이나 감정이 개입되는 순간이다.
그냥 인정하면 되는데, 이러면 복잡해진다.

그 상황을 모면하기 위한 인정이 아니다.
자신의 습관을 바꾸기 위한 인정이다.

명상이 별거냐

밥 먹을 때 생각하는 습관은 그리 좋지 않다.

한 밥상에서 밥을 먹는 가족에게도 기분을 언짢게 할 수 있고,

본인에게도 그렇다.

아내는 남편이 모르는 식사 습관을 알려준 것이다.

고마운 일이다.

밥 먹을 때 딴생각을 자주 하는구나!

인정하면 습관을 바꿀 수 있다.

인정하는 것은 힘들지만 당당한 모습이다.

내 탓이오!

내 실수야!

내가 잘못했어!

스스로 내 탓을 알고

그 탓을 인정하면

그 탓으로 인한 실수, 잘못은

조금씩 줄어든다.

자기 인정은 변화의 시작

⋮

⋮

⋮

자기 자신을 인정한다는 것은 쉬우면서도 어렵다.
실수하고 잘못하는 경우에 말로 자신의 실수나 잘못을
인정하기는 쉽다.
그런데 인정하고 나면 뭔가 변하고 바뀌는 것이 있어야 하는데
그렇지 않다.
어렵다.
왜?

가끔 사회적으로 물의를 일으키는 경우에
누군가 나와서 사죄하는 것을 본다.
자신의 잘못을 사죄하기도 하고,
자식 때문에 부모가 사죄하기도 하고,
조직을 대신해서 대표가 사죄하기도 한다.
무엇인가 잘못을 인정하는 것이다.

명상이 별거냐

그런데 사죄해도 다른 누군가는 진정성이 있느니 없느니 한다.

사죄하고 나면 뭔가 달라지는 것이 있어야 하는데

그렇지 않기 때문이다.

자신의 잘못을 인정한다고는 하지만

그 순간을 모면하기 위한 것이다.

언론 앞에서 뭔가 굳은 표정으로 미리 작성한 글을 읽고

몸을 숙이는 모습을 연출한 것이다.

그것으로 할 일을 다 했다고 생각하고 그뿐이다.

달라지는 것이 없다.

피상적으로 겉으로 하는 자기 인정은 의미가 없다.

나아가고자 하고 변화하고자 할 때

자기 인정은 아주 절실해야 한다.

자신의 실수나 잘못을 인정하고도 바뀌지 않는 것은

자기 자신이 직접 한 성찰의 결과가 아니기 때문이다.

자기 인정은 처절한 성찰의 결과에서 비롯되어야 한다.

그렇다고 자신을 비하하고 무시하는 것이 아니다.

자기 자신을 더 높이는 것이다.

자신에 대한 성찰은 자기 자신의 모습을 스스로 보고 아는 것이다.

자기 자신을 알게 되는 방법은 여러 가지가 있다.

누군가 옆에서 알려 주는 경우도 있다.

부모, 형제, 친구, 직장 상사, 남편, 부인 등 주변에 있는 누군가가
자신의 모습을 이야기해 주면,
객관적인 자신의 모습을 알 수 있다.
내가 모르는 나의 모습을 알게 된다.
이때 '아, 그렇구나!'라고 인정하는 것이다.

심리 검사를 통해서도 자신을 알 수 있다.
심리검사 방법은 아주 다양한데,
어떤 검사를 받더라도 자신의 모습을 알 수 있다.
MBTI 검사로는 자신의 성향을 이해할 수 있고,
프레디저 검사를 통해서는 자신의 직업적 성향을 알 수 있고,
타로나 그림 심리검사를 하면 자기 마음을 이해할 수 있다.
내가 모르는 나의 모습을 알게 된다.
그대로 인정하면 된다.
아, 나는 그렇구나!

그럼 이렇게 누군가 옆에서 알려주거나
어떤 검사를 통해 알게 되는
자신의 모습을 인정한다고 자신이 변화할 수 있을까?
변화할 수 있다.
그런데 변화하기 어렵다.
이렇게 알게 되는 자기에 대한 정보를 단순 일회성으로 인식하기
때문이다.

명상이 별거냐

좀 더 자신에 대한 성찰이 필요하다.

자기 스스로 자기 자신을 보는 경우가 있다.

우연히 거울 보듯 자기 모습을 보게 된다.

늘 사소한 일에 심각해 하는 모습을 보거나,

늘 자기 비하하는 모습을 보거나,

또는 매사 부정적인 모습을 보거나,

아니면 매사 얼렁뚱땅 넘어가려고 하는 모습을 보게 된다.

신선한 충격이다.

자기 자신이 다른 사람으로 보인다.

또 다른 내가 나를 보고 있는 것 같다.

그 충격은 오래간다.

자기 자신의 프레임을 발견한 것이다.

이럴 때 자기 스스로 '이런 사람이었네!'라고 하면 된다.

이런 자신을 스스로 인정하는 것이다.

그것만으로도 변화를 시작할 수 있다.

여기서 좀 더 자신에 대해 의문을 던진다.

왜 그럴까?

사소한 일에 심각하게 생각하는 이유가 뭐지?

스스로 자기 비하하는 이유가 뭐지?

매사 부정적인 이유가 뭐지?

이유를 찾아보는 것이다.

이유를 찾는다고 해서 그에 관해 생각을 깊게 하는 것은 아니다.
자신의 모습에 대해 가볍게 '왜 그럴까?' 의문만 툭 던진다.
그리고 일상에서 자신 자신을 주시한다.
아침에 일어나서 화장실에 갔을 때,
식사할 때,
걸어 다닐 때,
지하철이나 버스를 탈 때
늘 자신을 주시한다.

그러다 문득 그 이유를 알게 된다.
아 그래서 그랬구나!
자기 인정을 한다.

사소한 일에 심각하게 반응하는 이유는,
까칠한 성격이거나 감각이 예민해서 그럴 수 있다.
'나는 까칠한 성격이야'라고 인정하는 것이다.

다시 의문을 품는다.
왜 까칠하지?
'원래 나는 그런 사람이야'라고 툭 쳐버릴 수도 있지만,
그러면 거기서 멈춘다.

명상이 별거냐

나아가지 못한다.

좀 더 자기 내면을 들여다봐야 한다.

왜 까칠하지?

까칠함에는 불안이라는 감정이 어딘가에 숨어있다.

불안이라는 것이 외부로 표현되면서 까칠하게 나타날 수 있다.

불안한 무엇인가 있구나!

그렇게 자기 자신을 바라보고 있으면 뭔가 선명하게 자기 모습이
보이게 되면서,

어느 순간에 불안이라는 감정에 둔감해진다.

불안의 감정에 구애받지 않고 자유로워지는 것이다.

그리고 덜 까칠해진다.

변화하는 것이다.

그런데 그게 끝이 아니다.

다시 거기서 불안한 이유에 대한 의문을 품는다.

그러다 보면 불안한 이유에 대한 답을 스스로 찾게 된다.

답을 알게 되면 그때마다 스스로 인정을 한다.

아 그래서 그랬구나!

그러면서 선명하게 까칠했던 모습이 조금씩 희미하게 된다.

자기 인정을 하면 변화하기 시작한다.

끊임없이 바뀌어 간다.

그럴 수 있는 자신을 인정하기

⋮

⋮

⋮

자신을 인정해야 할 때가 있다.

인정하는 것이 쉽지 않다.

인정하는 것은 여유를 갖는 것이고,

인정하면 다른 것이 보인다.

그러나 인정하지 않으면 또 다른 이유를 찾게 된다.

일상을 살아가면서 원했든 원하지 않았든,

순간적으로 어떤 일이 벌어진다.

그리 큰일이 아니지만

크게 다가온다.

그 순간에 드는 생각은

그 일과 연관된 경험이나 기억이다.

그 경험이나 기억이

벌어진 일을 해결하는 데

명상이 별거냐

결정적인 역할을 한다.

카페 알바생이 손님이 주문한 음료가 아닌 다른 음료를 만들었다.
그럼 손님에게 죄송하다는 말과 함께 다시 만들어 주면 된다.
아주 단순하면서 쉬운 일이다.
어쨌거나 실수했으니 말이다.

그런데 그 순간에 다른 생각이 폭풍같이 몰려든다.
전에 매니저로부터 재료를 아끼지 않는다고 말을 들은 기억도 있고,
다시 만들려면 주문을 다시 넣어야 하고,
결제는 내 카드로 해야 하고,
뭔가 아까운 생각이 든다.
귀신에 홀린 것 같이 이런 생각에 꽂힌다.
그냥 쉽게 넘어갈 일이 꼬이기 시작하는 것이다.

그래서 이미 만든 것을 가지고 조금 고쳐서 줬다.
순간 몰려온 감정과 생각에 밀려서 일어난 선택이었다.
쉽게 넘어갈 일을 복잡하게 만들어 가기 시작한 것이다.
손님도 그것을 보고 있었다.
뭔가 찜찜했다.
어찌할 수 없었다.

만들어 준 음료를 가지고 가던 손님이 다시 와서 불만을 말한다.

이렇게 해도 되냐고.

만들어 준 것이 뭔가 이상하다고.

손님도 알고 있었다.

아차 한다.

이러면 안 된다는 것을 알면서도 적절하지 않은 행동을 한 것이다.

그때야 손님에게 정중하게 사과하고 다시 만들어 주겠다고 하고

결제는 자기 카드로 한다.

미안한 마음에 무엇인가를 덤으로 주려고 했다.

이제 모든 것을 처음으로 되돌릴 기회였다.

자신이 실수한 것을 인정하고

손님에게 자기 마음을 표현하기 위해 애를 쓰려고 한 것이다.

그런데 이게 끝이 아니었다.

마침 봐서는 안 될 사람이 왔다. 매니저다.

그런 모습을 보여주기 싫었다.

자존심도 상하고.

그런데 매니저가 있어 주문할 수 없었다.

매니저가 알게 되면 구구절절한 이야기를 해야 할 것 같아서.

그런 모습을 보여주기 싫었다.

감추고 싶었다.

손님에게 덤으로 주려고 했던 것을 주지 못해,

손님을 보내면서 뭔가 찜찜했다.

명상이 별거냐

손님에게 미안한 마음을 보여주려 했는데
다시 마음이 꼬인 것이다.
더 복잡하다.

봐서는 안 될 사람은
자기가 정한 것이다.
넘지 못하는
보이지 않는 벽은
스스로 만든 것이다.

그 보이지 않는 벽을
결코 버릴 수 없다고 여기는 것은
자기 자존심이다.
이 벽이 무너지면 자신의 존재도 무너질 것이라 여긴다.
처음의 실수도 자존심에서 비롯된 것이고,
그다음 마음이 복잡하게 된 것도 자존심이다.
이 자존심이 자기를 깜깜하게 만들었다.
깜깜해지면 보이는 것도
보이지 않게 된다.

자존심은 강한 자기애에서 비롯되고
자기애가 채워지지 않으면 열등감과도 이어진다.
할 수 없을 수도

실수할 수도 있는데

그런 자신이 수용되지 않는다.

실수하였을 때 생각할 여유가 없이 갑자기 조급해지고,

쉽게 생각해도 되는 것을 어렵게 여긴다.

그러다 보니 자기 발을 자기가 묶는다.

한 번만 묶는 것이 아니다.

또 묶고

또 묶는다.

마음이 복잡해진다.

그냥 인정하면 된다.

실수할 수 있는 자신을 인정하면 된다.

자신도 실수할 수 있다고 인정하는 것이

자기를 진정으로 사랑하는 것이다.

굳이 타인의 시선을 바라볼 이유도 없다.

나는 나다.

그럼 그것으로 끝난다.

실수하고 잘못한 것을 인정하는 것도 있지만,

그럴 수 있는 자신을 인정하는 것이다.

이때부터 달라지기 시작한다.

걸림이 없어지고,

당당해진다.

명상이 별거냐

'나'

그리고 '또 다른 나'가.

무엇을 내려놓고 비우는 것일까?

⋮

⋮

⋮

마음에 있는 것을 내려놔라!
마음을 비워!

명상하다 보면 내려놓으라고 하거나 비우라는 말을 듣게 된다.
무엇을 어떻게 내려놓고 비우는 것일까?

내려놓고 비우라는 말에는 뭔가 눈에 보이고 실체가 있는 것 같지만,
그것은 눈에 보이지 않고 실체가 없는 공기와 같다.
그런데 사실은 눈에 보이고 실체가 있는 명확한 것이다.

자전거 타는 것을 한 번 배우면
평생 잊지 않고 언제든지 탈 수 있다.
자전거를 탈 수 있는 기술이 눈에 보이지 않지만,
자전거를 타면 분명히 드러난다.
자전거를 탈 수 있는 기술은 어디에 숨겨져 있다가

명상이 별거냐

나타나는 것일까?

수영도 한 번 배우면
까먹지 않고 있다가 필요할 때는 써먹을 수 있다.
자전거와 수영을 배우는 과정을 들여다보면 비슷한 점이 있다.
시행착오를 반복하면서 몸으로 배우고, 그러다 알게 된다는 것이다.
자전거를 배우면서 수없이 넘어졌다가 일어나기를 반복하고,
수영을 배우면서도 수없이 코와 입으로 물을 마신다.
그러다가 어느 날 갑자기 누구의 도움 없이 자전거를 타게 된다.
균형을 잡는 법을 알게 된 것이다.
수영도 비슷하다.
어느 날 갑자기 몸이 물에 뜨기 시작하고 나아가게 된다.
힘 빼는 것을 알게 된 것이다.

자전거를 타거나 수영하는 방법은 평소에 보이지 않다가
필요하면 드러난다.
의식에서는 나타나지 않지만, 무의식 속에 숨어있다.
균형 잡고 힘 빼는 방법을 몸으로 체득한 것이다.
보이지 않지만 실체가 없지만, 뭔가 분명히 할 수 있는 것이 있다.

내려놓고 비울 대상을 보는 주체는
얼굴에 있는 눈이 아니라 내면의 또 다른 눈이다.
마음의 눈이라고 한다.

마음의 눈은 실체가 있는 것 같지만 실체는 없다.

그렇지만 있다.

마음의 눈이라는 표현은 매우 은유적이다.

그런데 무엇을 내려놓고 비울 것인지 관심 갖고 반복해서 보려고
하다 보면 보인다.

보이는 순간에 마음의 눈이 생기는 것이다.

자전거 타기와 수영 기술이 보이지는 않지만,

몸으로 알고 있듯이 말이다.

카톡으로 문자를 보냈는데

상대가 응해 오지 않거나

한참 후에 응답이 오면 뭔가 생각이 올라온다.

나에게 불만이 있나,

아니면 지난번 헤어질 때 찝찝한 것이 있었는데 그 때문인가?

심하면 치졸한 생각으로까지 이어지기도 한다.

나를 무시하나, 이것 봐라 등등

막상 나중에 만나보니 다른 사연이 있어 문자에 답을 못한 것을
알게 된다.

그때 자기 자신을 보게 된다.

상대의 행동에 잘못이 있었던 것이 아니라

자기 멋대로 상상하여 상대를 탓하였고

명상이 별거냐

그 내면에는 부정적인 마음이 있었다는 것을 보게 된다.
내려놓을 것은 이 부정적인 마음이다.

그런데 이 부정적인 마음이 잘 보이지 않는다.
숨어있다가 필요할 때만 나온다.
이 부정적인 마음이 보이면 된다.
보이면 내려놓을 수 있다.
자전거를 배우고 수영을 배우기 위해 몇 번이나 반복 연습하여
감을 잡았듯이,
내려놓을 대상을 보려는 마음으로 끈기 있게 하다 보면
어느 순간 부정적인 마음이 보인다.
자기 자신이 그러고 있는 것이 선명하게 보이는 것이다.
그런데 이게 머리로 이해하고 아는 것은 아니고
마음의 눈으로 보는 것이다.

머릿속에 여러 가지 일로 머리가 무거울 때가 있다.
강의 준비도 해야 하고 모임 담당자로 결산도 해야 하고
놀고도 싶다.
머리가 복잡하다.
가만히 들여다보면 머릿속에서 바쁘다 바쁘다 하고 있다.
생각해 보면 하나씩 하나씩 정리할 수 있는데
바쁘다는 생각에 빠져있는 것이다.
여기에서도 부정적인 마음이 있다.

이 일할 때 저 일 생각, 저 일할 때 이 일 생각.

일할 때는 그 일에 집중하면 되는데,

일할 때 다른 생각을 하고 있다.

걱정이 앞선다.

그래서 머리가 뜨겁고 무겁다.

자신의 복잡한 상황을 부정적으로 보고 있다.

부정적으로 보고 있어 걱정이 되고 머리가 무겁다.

내려놓거나 비울 것은 부정적인 마음이나 태도이다.

이 부정적인 마음이나 태도가 보이면 된다.

머리가 아닌 마음의 눈으로.

일상생활 속에서 자신의 내면에

부정적인 마음이 숨어있다는 것을 문득 알게 된다.

어딘가에 숨어있다가

필요할 때마다 올라와

자신을 더 힘들게 만들고,

자신을 무기력하게 만들며,

자신을 황당하게 만드는 것이

바로 부정적인 마음, 태도였다는 것을 알게 된다.

마음의 눈이 생기면

보이지 않았던 부정적인 마음이

보이기 시작하고,

명상이 별거냐

보이면 마음의 눈이 생긴다.

내려놓고 비우는 것은 보이지 않지만 보이는 것이다.

습관적인 생각 멈추기

⋮

⋮

⋮

명상할 때 꼭 해야 하는 것은 생각하지 않는 것이다.
사람이 어떻게 생각하지 않을 수 있을까?
생각하지 않고 뭘 할 수 있을까?

온종일 생각하는데, 어떻게 생각하지 않을 수 있을까?
그래도 생각하지 않을 수 있어야 한다.
이때의 생각은 습관적이고 자동적이고 타성에 젖은 생각이다.

아침에 일어나서 가만히 있으면 생각이 별로 없다.
이때야말로 명상의 시간이다.
크게 노력하지 않아도 명상이 된다.
긴 시간은 아니지만, 별생각 없이 그대로 있어 보면 좋다.
굳이 생각하지 않으려고 애쓸 필요도 없다.

그런데 양치하고 얼굴을 씻는 순간부터 그날 하루가 시작된다.

생각이 시작되는 것이다.

양치하면서 오늘 할 일이 생각나고

그러면서 그 일과 관련된 누군가가 생각난다.

그 누군가로 인해 갑자기 급한 마음이 일어난다.

미처 생각하지 못했던 일이 생각났기 때문이다.

아침을 먹으면서도 그 일 생각으로 마음이 허둥지둥 댄다.

허둥지둥 대는 마음으로 집을 나선다.

지하철을 타러 가는 동안에 횡단보도에 서 있는데

마음이 조급하다.

'지금 오는 지하철을 타야 하는데'라는 생각에.

'놓치면 다음 지하철은 7, 8분 후에 오는데'라는 생각도 하게 된다.

그러면서 마음이 조금씩 조금씩 조급해진다.

이런 식으로 생각의 연속이다.

꼬리에 꼬리를 물고 이어진다.

일상에서는 수많은 생각을 하고 있고

생각하지 않는 것이 무척이나 힘들다.

생각하지 않는다는 것은

삶에서 소외된다는 두려움까지 느끼게 한다.

생각하고 있는 것을 가만히 들여다보면

자기 의지로 하기보다 습관적으로 하게 된다.

어떤 문제를 해결하기 위해 고민하고 생각하는 경우가 있다.

그 생각에는 기억 속에 있는 것을 가지고 이리저리 맞추어보면서

이미 가지고 있는 지식으로 해답을 찾으려 한다.

이렇게 해서 가끔은 문제를 해결하기도 한다.

생각하는 하나의 습관이 생기고

습관적으로 생각을 하게 된다.

습관이 되면 생각은 자기 의지가 아닌 오토매틱으로

움직이게 되는 것이다.

명상은 습관적으로 하는 생각에서 벗어나는 것이고,

이를 위해 연습이 필요하다.

걸으면서 어떤 생각들이 오고 갔는지 세어보자.

처음 시작하는 사람은 좀 위험할 수도 있어서

하천변이나 공원 같은 한적한 곳에서 하는 것이 좋다.

10m 정도의 구간을 정해놓고 걷는다.

그리고 어떤 생각이 오고 가는지 세어본다.

걷다가 생각이 올라오면 멈추고, 다시 출발한다.

그러면서 생각이 오가는 것을 좀 더 명확하게 알게 된다.

습관적으로 생각하는 것을 쉽게 멈출 수는 없고

굳이 멈추려고 애쓸 필요도 없다.

명상이 별거냐

몇 번이고 반복하다 보면 생각이 없는 틈을 발견하게 된다.
이 틈을 조금씩 늘리는 것이다.

생각을 멈추려고 강하게 의지를 내는 것이 아니다.
그런 것은 자신에 대한 억압이 된다.
그냥 생각을 멈추자고 마음만 먹는다.
그리고 생각이 나면 '생각이 나는구나'라고 할 뿐이다.
그러다 보면 어느 순간인가 무심하게 지나가는 순간이 있다.

이 무심한 순간을 조금씩 늘리는 것이다.
내 의지로 무엇인가 이루어지는 순간이다.
내 의지와 무관하게 일어났던 생각에서
내 의지로 생각을 하지 않게 되는 것이다.

습관적인 생각에서 벗어나기 시작한다.

이야기 들어주기

⋮

⋮

⋮

'습관적으로 생각하지 않기'는 일상의 대화에서 필요하다.

누군가와 대화를 하면서 상대의 이야기를 들을 때가 있다.
상대가 이야기하는 동안에 자신의 머릿속에는 많은 생각이 오간다.
의도하지 않아도 자동적이고 습관적으로 일어나는 생각이다.
일어나는 생각을 하지 않으려고 애를 쓰고 막으려고 하기보다,
상대의 이야기를 들어보겠다는 마음으로 태도를 바꾸어 본다.
상대의 이야기에 마음을 두면
앞에 있는 상대를 볼 수 있고 상대가 보인다.
그 사람을 그 사람으로 인정하고 존중하고 배려하는 것이다.

둘이 만나서 대화하는데
상대가 무엇인가 이야기하고 있을 때
자신의 내면을 들여다보면 이런저런 복잡한 생각을 하고 있다.
언젠가 들었던 이야기가 생각나고 경험이 떠오르거나,

명상이 별거냐

얼마 전에 보았던 드라마 내용과 연계되거나,

속으로 '그게 아니고 이렇게 하는 것이 옳은데'라고 하거나,

예기치 않았던 짜증이나 불쾌한 감정이 불쑥 올라오거나,

'나도 말 좀 하자' 등

여러 가지 생각이 오고 간다.

이야기를 듣다 보면 자신의 내면에서는 반동적으로

생각이 올라온다.

즉각적이고 자동적이고 습관적이다.

그리고 그 생각에는 감정도 섞여 있다.

생각과 감정이 뒤엉켜 복잡해져서

생각이 더 일어나고 감정이 조금 더 격해진다.

어찌할 수 없이 생각과 감정이 교차하고 반복되면서

딸려 갈 뿐이다.

생각, 감정이 올라오면 어쩔 수 없이 말을 하게 된다.

상대가 원했든 원하지 않았든 그것은 중요하지 않고,

단지 자기 생각이나 감정에 대해 말을 할 뿐이다.

속으로는 자기 말이 합리적이고 논리적이라고 이유를 대겠지만,

그것보다 단지 그렇게 말을 하고 싶을 뿐이다.

그 근저에는 자기도 알아차리지 못하는

자기가 그렇게 말하는 것이 옳다는 신념이 깔려 있다.

자기 신념에 따라 습관적으로 생각하고,

그 생각에 따라 말을 하게 된다.

그럼 대화가 아니라 각자의 신념을 내세울 뿐이다.

내 생각이 옳고 그르고의 문제가 아니다.

내 생각이 옳을 때도 있고 옳지 않을 때도 있다.

내 생각이 옳았던 경험은 좋은 감정과 함께 섞여서

신념을 갖게 되고

그러면 생각은 습관적으로 하게 된다.

생각하지 않는 것은 습관적으로 올라오는 생각에서

잠시 벗어나 보는 것이다.

서로 이야기할 때 습관적인 생각을 내려놓아 보면 어떨까?

아내가 이야기하면 그냥 들어보자.

아내가 이야기하는 것은 그냥 수다를 떠는 것이다.

응 그래.

그냥 고개만 끄덕이고 간혹 맞장구만 쳐준다.

하루, 이틀, 삼일, 일주일.

그리고 쭉 이야기를 들어보자.

애가 하는 이야기도 그냥 들어보자.

부모로서 쉽지 않은 일이고 당황스럽기도 하다.

말을 하지 않으면 그럼 뭘 해야 할지 모르기 때문이다.

명상이 별거냐

그래도 그냥 들어주자.

애가 앞에 있으면 무엇인가 말을 하고 싶어진다.

아빠의 경험을 알려주고 싶고,

뭔가 의미 있는 것도 말해주고 싶고,

그리고 뭔가 마음에 차지 않는 것이 있어 한마디 하고도 싶다.

하여튼 부모로서 말을 하고 싶다.

그런데 애들은 듣고 싶지도 않고 들은 준비도 안 되어 있다.

그래서 우선 애들의 이야기를 들어보는 것이다.

그러다 보면 알게 된다.

자기가 잘하고 있다는 것을.

집이라는 울타리에서는 누구든 정답을 요구하지도 않고

바라지도 않는다.

그냥 서로 간에 일상을 공유하고 싶을 뿐이다.

생각이 나더라도 말로 하지 말고 그냥 들어보자.

그러다 보면 어느새 감정이 공유된다.

그것으로 충분하다.

이것이 우선이다.

들어보겠다는 마음으로 있다 보면

이야기를 듣고 있는 자신을 발견하게 된다.

그런데 더 재미있는 것은 상대가 더 빨리 안다.
자신의 이야기를 들어주고 있는 당신을 말이다.
그때부터 아이는 부모를 수용하기 시작한다.
공감이 되고
라포가 형성된 것이다.

상대의 이야기를 듣는 것은
자기 신념을 내려놓는 것이고
상대를 받아들이고 인정하는 것이며
이 순간에 당신이 최고라는 것을 말없이 표현하는 것이다.
자기가 하려는 이야기가 틀릴 수도 있다는
겸손의 마음을 갖는 것이고,
아내와 애가 듣고 싶지 않을 수도 있다는
배려의 마음을 갖는 것이다.

생각하지 않는 것도 연습이 필요하다.
욕구와 생각의 저변에 깔린 자기가 옳다고 하는
신념을 찾아내는 것이 우선이지만,
그냥 들으려고 해보자.
상대가 무슨 말을 하고 있고 무엇을 말하려고 하는지
행간을 읽어보려고 애를 써보자.
그래서 듣기만 하는 것이다.
중간중간에 상대의 이야기에 공감해준다.

명상이 별거냐

그러다 문득 상대가 자기를 받아주고 있다는 것을 알게 된다.

그 순간을 찾아낼 때까지 들어보는 것이다.

그 느낌에 주목하는 것이다.

생각하지 않고 들으면서 잠시 고요함을 느낄 수 있다면

그것으로 충분하다.

그 고요함이 있으면 된다.

그 순간이 명상하고 있는 것이다.

집에서 남편, 아내, 애들과 이야기할 때

그냥 듣기만 하고 가만히 있어 보자.

작은 변화가 시작된다.

나를 내려놓기

⋮

⋮

⋮

내려놓을 것 중에는 '나'라는 것이 있다.

'나'는 소중하다.
그런데 자신을 속박한다.
갈등을 일으키고 문제를 만든다.

늘 '나'로 살기 때문에 '나'가 없는 것을 받아들이기 어렵다.
그런데 '나'로 있을 때 겪었던 고민, 번뇌, 갈등을 생각하면
'나'를 내려놓는 것도 필요하다.

꼰대는 '나 때는 말이야'라고 한다.
삶에서 자신이 경험한 것이 특별했고,
그 경험 속에 소중한 의미가 있다고 여기기 때문에 '나 때'라고 말한다.
자신의 이야기를 반복해서 말한다.
상대가 내 이야기를 들어주길 바란다.

명상이 별거냐

그런데 상대는 내 이야기에 별로 관심이 없다.

내 중심으로 생각하다 보니 상대에 대한 이해가 부족하다.

상대가 무엇에 관심이 있고 무엇을 하고 싶어 하는지는 관심이 없다.

나는 옳고 너는 그냥 따라오라고만 하니 고집불통으로 인식되고,

오직 내 입장만 주장하는 '나'라는 것으로 인해 갈등이 시작된다.

가족 간에 발생하는 갈등에도 '나'라는 인식이 원인이 된다.

아버지는 가장으로서 부모로서 역할을 하려고 하고,

아이에게 말할 때도 가장과 부모의 입장이다.

아이의 입장은 없다.

아이가 어릴 때는 이런 아버지의 입장이 통하였지만,

아이가 자라서는 이런 아버지의 입장에 반발하고 거부한다.

아이는 그동안 자신이 이해받지 못했고 억압받았다고 생각한다.

갈등이 시작된다.

아버지도 가족들이 자신의 이야기에 귀 기울여 주지 않으면

서운하다.

자식은 아버지가 자신을 이해해 주지 않는다고 하지만,

아버지도 자식이 이해해 주지 않아 마음이 아프다.

내가 누구 때문에 이런 고생을 하는데,

내가 아버지인데,

아버지라는 입장에 충실한 것이고

'나'에게 충실한 것이다.

아버지라는 입장을 내려놓으면 어떨까?

가장으로 밖에 나가 일을 하고 가정의 울타리로 있는 역할을
포기하는 것이 아니다.

일하고 울타리가 되는 것은 아버지의 역할이라기보다

그냥 자기의 역할이다.

자식과 대화할 때 가장과 부모라는 그 마음, 그 입장을 내려놓는다.

'나'라는 것을 내려놓는다.

친구 같은 아버지가 되는 것이다.

그렇다고 아버지의 역할까지 없어지는 것은 아니다.

상담사는 내담자가 오면 제일 먼저 하는 것은

내담자와 라포를 형성하는 것이다.

라포는 공감이다.

상담사는 내담자를 이해하고 공감해주면서

감성적으로 같은 배를 탄 사람이라는 것을 느끼게 한다.

상담사의 입장이 아니라 내담자의 이야기를 진심으로 들어주는

사람이 되는 것이다.

상담사라는 입장을 내려놓는다.

그렇다고 상담사의 역할을 망각하지는 않는다.

그러면 내담자는 마음의 빗장을 열고 내면의 아픔을

하나씩 하나씩 이야기하기 시작한다.

심리치료는 내담자가 이야기하는 순간부터 시작된다.

내담자가 자신의 이야기를 꺼내지 않으면 치료할 수 없다.

명상이 별거냐

라포를 형성하는 것은 상담사가 상담자이기보다
내담자의 이야기를 잘 들어주는 사람이 되는 과정이고
상담사라는 '나'를 내려놓는 것이다.

'나'를 내려놓고 라포를 형성하는 것은
상담사와 내담자의 둘만의 관계에서만 필요할까?
아니다.
사람 관계에서 늘 필요한 것이다.

부부간의 대화에서도 '나'라는 입장을 내려놓으면 좋다.
일상적인 대화를 하는 가운데 특정 상황에서는
'나'라는 입장이 개입된다.
그러면 자신의 입장을 강요하게 된다.

남자와 여자의 대화에서 여자는 그냥 하는 말인데,
남자는 그에 대해 자신의 의견이나 입장을 말한다.
남자는 평가하고 판단하고 그에 대한 답을 주려고 한다.
여자는 답을 들으려고 한 것이 아닌데도 말이다.
남자는 '나'라는 입장에서 말하기 때문이다.

아내도 자식의 입장에서 남편에게 어필하는 경우가 있다.
자식 문제에 대해 아내는 자식을 대변하고
자식 편이면서 자식과 동일시한다.

그래서 아내는 자식 문제에 대해 남편의 말이나 행동에
예민하게 반응하며
자식 문제로 부부간에 갈등이 일어난다.
자기 입장이 있기 때문이다.
자기 입장을 내려놓으면 갈등은 해소된다.

남편은 아버지라는 입장을 내려놓고,
아내는 자식의 입장을 내려놓는다.
'나'라고 하는 선입견이나 고정관념이 없는 상태에서
이야기하는 것이다.
'나'라는 입장에서 하는 생각이나 판단은 옳을 수도 있지만
틀릴 수도 있다.
그래서 '나'라는 입장에서 조금 벗어나 보면
상대의 이야기가 들리기 시작한다.
이때부터 대화가 시작된다.
라포가 형성된 것이다.
진정으로 자식을 위해 무엇을 하는 것이 좋은지
해답을 찾아갈 수 있다.

'나'라고 할 만한 것은 없다.
'나'를 고집하면 보이지 않았던 것들이
'나'를 내려놓으면 새로운 것들이 보인다.

명상이 별거냐

상투적인 '나' 빼기

⋮

⋮

⋮

일상에서 일어나는 감정이나 생각은 다양하다.

감정과 생각 하나하나에는 주관성이 개입되어 있다.

'나'라는 무엇인가로 인해 감정이 일어나고 생각이 일어난다.

'나'라는 그 무엇인가는

나의 지위일 수도 있고,

나의 젠더일 수도 있고,

나의 나이일 수도 있고,

나의 역할일 수도 있고,

내가 해야 할 일일 수도 있다.

지위, 젠더, 나이, 역할, 할 일에 따라 감정이 일어나고

생각이 일어난다.

그래서 감정이나 생각에서 필터링이 필요하다.

내 지위, 젠더, 나이, 역할, 할 일을 빼고,

진정 내가 하고자 했던 감정 또는 생각을 선별해야 한다.
내 의지가 있었는지를 찾아봐야 한다.
감정이나 생각은 지위, 젠더, 나이, 역할, 할 일에 따라
그냥 올라왔을 뿐이다.

그 감정이나 생각을 나와 동일시하지 않아도 된다.
그런데 동일시한다.
그렇게 감정을 내고 생각하지 않아도 된다.
그냥 지나가도 된다.

그런 감정을 내고 생각하는 데 집착하지 않아도 된다.
내가 아니기 때문이다.
그냥 감정이고 생각이다.
그래서 일어난 감정이고 생각이구나, 라고만 해도 된다.

누군가와 만나고 왔는데 이유 모를 찝찝한 느낌이 남는다.
그 누군가는
나와 다른 지위, 다른 젠더, 다른 나이를 가진 사람이다.
나도 하고 싶었던 말이 있는데 말도 꺼내지 못했고,
상대의 이야기를 일방적으로 듣기만 한 것이다.
찝찝한 느낌이 불쾌한 감정으로 이어진다.

명상이 별거냐

그래서 여러 가지 생각이 이어서 올라온다.

이때의 불쾌감에는

자신의 자존심과도 연계되고

상대에 대한 거부감이 내포되어 있을 수도 있다.

아니면 상대의 일방적 태도에 대한 짜증일 수도 있다.

그래서 이런저런 감정과 생각이 꼬리에 꼬리를 물고 이어진다.

다음에 그 사람과 이야기할 때는 나도 꼭 하고 싶은 말을 해야겠어!

상대가 자기주장을 길게 하려고 하면 중간에 끊어야지!

상대에게 내 생각을 말해야 기분이 좋아질 것 같아!

누군가와 헤어지고 나서 남았던 찝찝함의 여파로

내면에서는 유치한 생각이 이어진다.

생각을 멈출 수가 없다.

아니 멈출 마음이 없다.

왜?

나니까!

그래야 하니까!

그냥 한번 먹은 감정과 생각에 편승해 갈 뿐이다.

그런데 이런 감정과 생각은 내가 하는 것이 아니다.

내 지위, 내 젠더, 내 나이에 의해 그냥 일어나는 감정과 생각이다.

지위, 젠더, 나이가 나인가?

지위, 젠더, 나이를 나로 알고 있다.
지위, 젠더, 나이를 빼고 난 순수한 '자기'가 바로 나다.

일어나는 감정이나 생각을
순수한 자기 입장에서 볼 수 있어야 한다.
자존심은 열등감과 연계되어 있고,
거부감은 자신에 대한 강하고 굳은 신념의 표현이거나,
짜증은 자기 자신을 정확히 알 수 없어 나오는 결과일 수도 있다.
자존심, 거부감, 짜증에는 내 지위, 내 젠더, 내 나이가
복잡하게 엮여 있다.
순수한 자기가 아닌 늘 '나'라고 여기는 상투적인 '나'가 원인이다.

누군가의 말을 듣고 짜증이 나는 경우가 있다.
짜증이 난다는 것은 상대가 같은 말을 반복해서 그럴 수도 있고
듣고 싶은 말이 아니라서 그럴 수도 있고
아니면 이유 없이 짜증을 낼 수도 있다.
이유가 없다기보다 스스로 이유를 모를 수도 있다.
한번 짜증이 나면 그런 말을 들을 때마다 비슷한 패턴으로
짜증이 나게 된다.
괜히 심통을 부리고 싶어진다.

짜증이 나는 이유가 상대에게 있는 것 같지만, 아니다.
나에게 이유가 있다.

명상이 별거냐

나에게서 이유를 찾아야 한다.

내 지위, 젠더, 나이, 역할, 할 일에서 그 이유를 찾을 수 있다.

감정과 생각에는 이유가 있다.

그 이유를 알고 있을 때도 있고

모를 때도 있고

알 듯 모를 듯하기도 한다.

이유를 확연히 알면 감정과 생각을 객관적으로 보게 되고,

이유를 모르면 감정과 생각에 끌려다니며,

이유를 알 듯 모를 듯하면 답답하다.

이유를 알기 위해서는 의심을 해야 한다.

왜 이런 감정이 올라오고 생각이 일어날까 의심하는 것이다.

그러다 보면 '나'가 원인이었다는 것을 문득 알게 된다.

그러면 감정과 생각에서 무엇엔가 묶어 있는 상투적인 '나'를

빼낼 수 있다.

자유로워진다.

관념에서 자유롭기

⋮

⋮

⋮

내려놓을 것에는 '관념'이라는 것이 있다.

이 관념은 '나'를 찾는 것만큼이나 어렵다.

어쩌면 더 어렵다.

내려놓을 관념 중에는 명상에 대한 것이 있다.

명상이라고 하면 조용한 음악, 조용한 공간, 편안한 분위기,

여성스러움, 깊은 산속 등이 연상된다.

그리고 氣, 에너지, 차크라, 단전, 빛 등 아주 특별한 것도 있다.

무엇인가 배운 일부의 특별한 사람만이 할 수 있으리라 생각한다.

특별한 능력이 생기는 것 같고

신비스러움과 경외감마저 들기도 한다.

명상은 일상에서 멀어진 하나의 특별한 것으로 생각하고,

명상에 대한 이런 생각은 살아오면서 알게 모르게 형성되었다.

그래서 명상은 배워야 할 수 있다고 생각한다.

명상이 별거냐

이렇게 무엇인가에 대한 생각을 모아놓은 집합체가 관념이다.

이런 관념은 한순간에 만들어진 것은 아니다.

아주 오랜 시간 동안 외부에서 주어진 정보에 의해 만들어졌다.

이 관념이 만들어지면 그때부터 그것으로 살아간다.

명상에 대한 관념을 갖게 되면 그 관념에 따라 생각하고 감정을
내고 행동한다.

이 관념에서 벗어나기는 쉽지 않다.

벗어나기 위해서는 애씀과 더불어 많은 시행착오가 필요하다.

그리고 시행착오에서 얻어진 결론에 대해 인정해 줄 누군가가
있어야 한다.

명상은,

잠자기 전에 자신을 돌아보는 일기를 쓰는 시간이다.

공부할 때 어떻게 하면 공부를 잘할 수 있을까 고민하는 시간이다.

낮에 잠시 눈을 붙이는 시간이다.

사랑하는 사람을 사모하는 시간이다.

살아가면서 어려운 문제에 직면했을 때 그 문제를 해결하기 위해
번민하는 시간이다.

커피를 마시면서 혼자 여유 있게 있는 시간이다.

주방에서 즐겁고 기쁜 마음으로 누군가를 위해 밥하는 시간이다.

화장실에서 볼일 보는 시간이다.

일상에서 명상 아닌 것이 없다.

이렇게 생각하면 명상에 대한 생각이 달라진다.

관념이 달라지는 것이다.

여태까지 알았던 명상에서 벗어나 새로운 관념으로 인식하게 된다.

내려놓을 것은 바로 이 '관념'이다.

명상 외에도 삶 속에는 이런 관념들로 가득 차 있다.

그 관념 하나하나 들여다보면 그 사람 자신이다.

관념은 신념이고 신념은 생각, 감정, 행동이 된다.

내려놓을 관념 중에 공부에 대한 것도 있다.

누군가에게 공부는 어떻게 하는 것이냐고 물으면,

과거에 공부했던 기억이나 경험을 되살려서,

아니면 누구에게서 들었던 기억을 되살려서 이야기한다.

시험을 보기 위해 공부했던 경험은 누구나 있다.

공부하는 방법은 개인마다 다르고 그 결과도 다르다.

그래도 남아있는 것은 공부에 대해 좋았거나 아쉬웠던

기억이나 경험이다.

나름의 방법으로 밤새워 공부하고 시험을 보았다.

그리고 시험 결과에 기뻐했거나 실망했던 경험이 있다.

그래서 누구나 공부에 대한 관념을 가지고 있다

그 관념 중에 하나로,

명상이 별거냐

공부라고 하면 암기를 해야 하고
도서관이나 독서실에 오래 있어야 하고
집중해야 한다고 말한다.
나이가 들어 다시 공부할 때는 자신이 갖고 있던 공부라는
관념에서부터 시작한다.
무엇인가 달달 암기해야 하고 독서실에 가서 오래 앉아 있어야
한다고 생각한다.
그렇게 공부한다.
공부에 대해 아는 것은 그게 전부이기 때문이다.

그런데 지금까지 알고 있던 공부라는 관념이 공부의 전부일까?
전부가 아닐 수도 있다.
공부는 지식을 배우는 것도 있지만, 지혜를 배우는 것도 있다.
지금까지는 지식을 배워서 평가받는 것이 공부였다.
공부의 일부분이다.
그런데 어디에서도 지혜를 배우는 공부를 알려주지 않아서,
어떻게 해야 지혜를 배울 수 있는지 모른다.

공부는,
밥 짓기나 자전거 타기를 배우는 것이고,
누구로부터 칭찬을 듣거나 꾸중을 듣는 것이고,
성공을 경험하고 실패를 경험하는 것이다.
이런 모든 것은 지혜를 배우는 과정이다.

지혜를 배우는 공부 방법은 지식을 배우는 공부와는 전혀 다르다.
삶 자체가 달라진다.

무엇인가에 대한 관념이 달라지면 삶이 변하게 된다.
자기를 묶어놨던 관념에서 자신을 자유롭게 하는 관념으로
갈아타는 것이다.
그럼 지금까지의 삶에서 새로운 삶으로 넘어간다.
삶이 편하다.
세상이 달라진다.

관념에서 벗어나면 좋겠다.
관념은 스스로 만들어 내는 것이다.

명상이 별거냐

스스로 발목을 잡는 그것

⋮

⋮

⋮

도둑이 제 발 저린다.

심리적으로 걸림이 있으면
자기도 모르게 몸 밖으로 드러난다는 것으로,
이 속담은 범죄심리학에서 다룬다.
범인은 현장에 꼭 나타나게 되어 있고,
현상수배를 하는 것도 이 속담을 이용하는 것이다.

일을 저지르지 않았으면 전혀 문제가 없다.
일을 저질러서 일어나는 것이다.
일을 저지르는 이유는 욕심이 생기거나 욱하는 마음으로
참지 못해서 벌어지고,
그래서 스스로 발목 잡힐 일이 생긴다.

일상에서 자주 접하는 경험이다.

내려놓아야 할 것 중에 또 하나는 스스로 발목 잡고 있는
바로 그것이다.
이 또한 무엇을 내려놓아야 할지 알기도 어렵고 찾기도 어렵다.
이것을 찾을 수 있으면 그나마 쉽게 내려놓을 수 있다.

친구와 약속을 했는데 늦는 경우가 있다.
가는 동안에 약속 시간에 늦은 것에 대해 여러 가지 생각이 들다가,
친구에게 늦은 진짜 이유를 말하지 않고 다른 이유를 댄다.
좀 더 자신을 방어하거나 정당화하는 이유를 말이다.
그러려고 생각도 하지 않았는데 그렇게 말이 나와버려서,
속으로 그런 자신을 보면서 '내가 왜 이러지' 한다.
이미 늦었다.
스스로 발목을 잡았다.

돌아오는데 친구가 뭔가 석연치 않게 뒤끝 흐리는 말을 하거나
표정을 짓는다.
늦게 온 이유에 대해 생각지 않았던 말을 한 것이 켕겨서,
뭔가 찜찜한 마음이 든다.
도둑이 제 발 저린 것이다.

헤어지고 나서 다음에 그 친구를 보면
전에 다른 이유를 댄 것이 생각난다.
아무렇지 않은 듯하지만, 왠지 모르게 친구의 말이나 행동에

명상이 별거냐

예민하게 반응하게 된다.

무엇인가 내면에 스스로 발목 잡고 있는 것이 생겼고

도둑이 제 발 저린 것이다.

여기에서 바로 본래 위치로 되돌려야 한다.

그러지 않고 계속 이유에 이유를 대면 내면이 꼬인다.

머리가 아프다.

생각지 않게 나온 말에 대해 왜 그렇게 했는지

스스로 되돌아봐야 한다.

왜 스스로 발목을 잡힐까?

그 원인은 자기 내면에 있다.

있는 사실을 당당하게 말하지 못하고 둘러대거나 합리화하는 것은,

사실을 사실대로 말했을 때 돌아오는 결과에

맞설 자신이 없어서다.

자존심, 그 이면에 숨어있는 열등의식, 피해 의식도

조금은 엿보이고,

이런 잠재의식은 평상시에 드러나지 않다가

결정적인 순간에 발동한다.

의식은 그럴 마음이 없지만, 잠재의식은 그렇게 하라고 한다.

그래서 무심결에 말이 나와버린다.

이런 자기 마음을 이해해야 한다.

그리고 그런 자신을 인정해야 한다.

그러면 발목 잡혔던 것이 풀려서 제 발 저리는 일이 없어진다.

부모와 자식 간에도 발목 잡히는 일이 있다.
부모는 자식에게 바라는 것이 있고
자식이 부모 생각대로 해주기를 바란다.

어느 날 자식이 학교에서 선생님으로부터
긍정적인 메시지를 듣고 왔다.
앞에 나와서 말하고 설명하는 것이 너무 자연스럽고
전달력이 좋다는 것이다.
그러면서 칭찬을 들었다.
아이는 그런 경험을 처음 하였고
자신의 새로운 모습을 발견하였다.
여태까지 몰랐던 자신의 큰 장점을 발견한 것이다.
무척이나 고무되고 가슴이 떨렸다.

아이는 자신이 느낀 것을 조금은 흥분된 마음으로
엄마에게 말했다.
그런데 엄마는 아이의 마음을 헤아리지 못하고
오히려 엄마가 바라는 것을 말한다.
"공부나 열심히 해!"라고.
자식은 실망했다.

시간이 지나 엄마는 자식이 얻은 것에 대한 의미를 이해했다.

'아차! 그랬구나!'

아이를 실망하게 할 마음은 전혀 없었다.

그냥 튀어나왔을 뿐이다.

발목 잡힌 것이다.

그래서 만회하기 위해 이런저런 말을 한다.

이때부터 부모는 아이가 실망했던 마음을 달래려고

무척 애쓰고 노력한다.

도둑이 제 발 저린 것이다.

이 또한 바로 본래 위치로 되돌려야 한다.

부모는 자식에 대해 늘 이랬으면 하는 바람이 있다.

그 바람이

자식을 온전히 바라보지 못하게 하고,

자신도 모르게 아이를 아프게 하는 말이 튀어나오게 하고,

자식을 힘들게 하고,

스스로 발목 잡히는 일을 하게 한다.

부모로서 아이에게 뭔가 바라는 마음이 있기 때문에

아이의 모습을 있는 그대로 보지 못한다.

스스로 발목 잡히는 것은 뭔가 바라는 마음이 있기 때문이고

바라는 마음이 아이의 마음을 이해하지 못하게 한다.

스스로 발목 잡힌다.

그래서 아이의 마음을 이해하지 못했던 것에 대해
미안한 마음이 든다.
도둑이 제 발 저린다.
바라는 마음을 내려놓으면 스스로 발목 잡힐 일이 없고
제 발 저리지도 않는다.

부모는 왜 아이에게 뭔가 바라는 마음을 가질까?
부모가 아이에게 뭔가 바라고 기대하는 것은
부모 자신의 세계를 아이에게 표현하는 것으로
부모의 삶에서 충족되지 못했던 것을 채우기 위해
아이에게 투영하는 것이다.
부모는 자신의 세계가 옳다고 믿고 있고 아이에게 투영하는 것도
당연하다고 생각한다.
아닐 수도 있는데 말이다.

아이의 세계는 아이 스스로 만들어 가야 한다.
아이에게 맞는 세계를 말이다.

아이가 자기에게 맞는 세계를 만드는 데 부모의 역할이 필요하다.
진정 아이에게 뭔가 전달해 주려면 많은 고민의 산물이어야 하고
아빠 엄마가 직접 성찰을 한 결과여야 한다.

명상이 별거냐

아빠 엄마의 내면에서 스스로 발목 잡고 있는 마음을 찾아내어 내려놓아야 한다.
자식에게 바라는 것이 있다면
함께하면서 일상에서 알려줄 수 있어야 한다.
부모도 그렇게 살고 있어야 하는 것이다.
그러면 발목 잡힐 일이 많지 않다.

내면에서 스스로 발목 잡히는 그 무엇인가를 찾아내고 내려놓으면 도둑이 제 발 저리지 않는다.

가족 속에서 몸에 밴 것

⋮

⋮

⋮

가족에 대한 마음은 모순성을 갖고 있다.
가까워지려고 하면 더 멀어지고,
멀리하려고 하면 더 가까워진다.

가족의 의미는 삶을 살아가는 동안 변한다.
가족의 울타리 안에 있던 시기도 있고,
그 울타리를 벗어난 시기도 있고,
울타리가 되는 시기도 있다.
그때그때 울타리의 의미가 달라진다.

어린 시절에는 가족이 자신의 울타리다.
울타리 안에서 이루어지는 것은 그냥 받아들인다.
선택의 여지가 없다.

부모가 이유 모를 일로 자주 다투어도 그냥 바라볼 뿐이고,

아버지가 이해 안 되는 일로 괜히 짜증을 내도 어쩔 수 없고,
형이 동생을 못살게 굴어도 어쩔 수 없다.
울타리 안에서 일어나는 것은 이해가 안 돼도 그냥 받아들였다.

그러다 가족의 울타리를 벗어나게 된다.
집을 떠나 살게 되는 것도 있고,
심리적으로 가족에게서 벗어나는 것도 있다.

이때가 되면 가족의 울타리 안에서 일어나던 일들이 왜 그랬는지
알게 된다.
부모가 왜 그렇게 다투었고,
아버지가 왜 그렇게 짜증을 냈고,
형이 왜 동생을 못살게 굴었는지를.

가족의 울타리 안에서 좋았던 일들이 더 많지만,
기억에 남는 것은 이해가 안 되었던 일들이다.
이해가 안 되었던 일들이 울타리를 벗어나니 보이기 시작하고,
그에 대해 앞으로 어떻게 해야 할지 생각하게 된다.

부부는 서로 자기 입장을 내세우고 소통이 안 되어 다투는구나,
그러지 말아야지 마음먹는다.
아버지는 밖에서의 스트레스가 집에서는 무장해제되어
괜히 짜증을 내고 버럭 화를 내었지만,

그러지 말아야지 마음을 먹는다.
형은 부모의 관심을 동생이 가져간 것에 대한 반발로
동생을 못살게 굴었지만,
그러지 말아야지 생각한다.

울타리 안에서 안 좋게 경험했던 것에 대한 반동으로
그러지 말아야지 한다.
그런데 그러지 말아야지 하면서도 그래도 되는 것으로
받아들여지는 자신을 모른다.
알게 모르게 자신도 그렇게 하게 된다.

좀 더 시간이 지나 자신이 울타리가 되는 때가 온다.
울타리의 주인이 되는 것이다.

부부가 되면 다투지 않고 잘 살려고 했는데
부모가 했듯이 자주 다투고
아니 부모보다 더 감정을 드러내어 싸우기도 하고
밖에서 쌓인 스트레스가 있거나 자기 생각과 맞지 않으면
아이에게 여과 없이 감정을 드러낸다.
아버지가 했던 것에서 한 발짝도 벗어나지 못하고 있고,
아니 더한다.
직장 생활에서 후배나 아랫사람에게 짜증을 내고 스트레스를
주는 것이 형이 했던 것과 같다.

명상이 별거냐

어린 시절 울타리에서 보고 들은 그대로 하고 있다.
그러지 말아야지 마음속으로 몇 번이고 다짐했는데도 말이다.
가족이라는 울타리에서 몸에 밴 것을 버리지 못했다.
버리는 법을 배우지 못했다.

그냥 그러지 말아야지, 라고만 생각했다.
그러면 그럴수록 더 그렇게 하게 된다.
내면에서 더욱 강하게 굳어진다.

내면에서 가족에 대한 해체가 이루어져야 한다.
어릴 때 울타리에서 보고 들은 것을 내려놓아야 한다.
내려놓으려면 무엇을 내려놓아야 할지 알아야 하고,
가족 안에서 이루어지는 자신의 감정, 생각, 행동을
볼 수 있어야 한다.

부부간에 서로에게 대하는 자신의 감정, 생각, 행동을
찾아내야 한다.
내려놓고 싶은 것이 부모도 그랬고 자신도 그러고 있다는 것을
알아내야 하고,
부모로부터 보고 들은 것에서 벗어나지 못하고 있는
자신을 발견해야 한다.
감정을 내고 생각하고 행동하는 것이 부모가 했던 그대로이고,
그대로 반복하고 있다.

내려놓고 싶은 것이 무엇인지 찾아내어,

그런 자신을 인정해야 한다.

그러면 벗어날 수 있다.

그래서 과거의 자기가 아닌 지금의 자기로

서로를 대하는 것이다.

그러면 과거의 울타리에서 진정으로 벗어나기 시작하는 것이다.

아이를 대하는 자신의 모습을 찾아내야 한다.

과거의 울타리 안에서 보고 들은 대로 하고 있는 자신의 모습을

발견해야 한다.

그런 자신을 인정하면 벗어날 수 있다.

과거의 자기가 아닌 지금의 자기로 아이를 대하는 것이다.

가족의 울타리를 벗어나면서

가족의 울타리에서 가지고 있던

가족에 대한 자신의 감정, 생각, 행동을 내려놓아야 한다.

그럼 자신이 울타리가 되었을 때

어린 시절의 울타리가 아닌

새로운 울타리가 된다.

가족은 가까이 가거나 멀어지거나 하는 것이 아니다.

있는 그대로 있는 것이다.

명상이 별거냐

상대를

아이를

있는 그대로 보면 된다.

서로를

있는 그대로 볼 수 있어야 한다.

기대하고 의지하려는 마음

⋮

⋮

⋮

하기 싫은 마음이 들 때가 있다.
하기 싫은 것은 이유가 있다.
하기 싫은 이유를 스스로 만들기도 한다.

의욕을 내서 무엇인가 하려고 하면 말로 의욕을 떨어뜨리고,
상대 입장은 생각도 하지 않고 오로지 자기 입장에서 말하고,
자기 생각과 맞지 않으면 그것도 못 하느냐고 핀잔을 주고,
자신도 실수하고 잘못하는데 실수하고 잘못하면 콕 찌른다.
아직 그것도 못 하느냐고.

사람이 싫어지고
일이 싫어진다.
스트레스가 쌓인다.

일상에서 일어나는 일이다.

명상이 별거냐

집에서,

직장에서.

상황이 다를 뿐 반복되는 일이다.

생각은 생각을 불러온다.

부정적인 생각은 부정적인 생각을 불러온다.

한쪽으로 생각이 치우치면 계속 한쪽으로 쏠린다.

시소 놀이와 같이 한쪽으로 넘어가기 시작하면 바닥을 칠 때까지
반등하기 어렵다.

어떤 이유로 한 번 하기 싫다고 생각하면

그때부터 하기 싫은 이유를 찾는다.

이런저런 이유를 찾는다.

자기 스스로 합리화한다.

처음 갖고 있던 꿈은 감춰져 버린다.

좋았던 일들도 사라져 버린다.

이럴 때 한 번쯤은 자신을 돌아보면 좋겠다.

하기 싫은 생각에 빨려가고 있는 것은 아닌지,

아니면 정말 하지 않을 이유가 있는 것은 아닌지.

자신의 모습을 바로 보는 것이다.

하기 싫은 마음에서 거품을 빼고 자신의 마음을 직시하고,

하기 싫어하는 마음에서 일단 멈춰서 보는 것이다.

왜, 싫어하는 마음이 생기는 것일까?
기대에 부응해 주지 않고,
내 뜻과 맞지 않고,
자기를 인정해 주지 않아서라고 한다.
정말 그럴까?
아니다.

내 마음속에
기대하는 마음, 인정받으려는
무엇인가가 있기 때문이다.

어릴 때 어른들과 함께 자주 밭에 일하러 갔다.
가서는 뭐든지 했다.
김을 매기도 하고,
맨 김을 한쪽으로 옮기기도 하고,
부지런히 움직였다.
그러면 어른들은 칭찬한다.
"참 일 잘하네."
"참 성실하네."
게으름 피우지 않고 더 열심히 일했다.
성실하다는 말이 좋았다.

명상이 별거냐

학교에 가서도 성실히 하면 되었다.

공부도 성실히 했고,

그래서 성적이 오르면 더 좋았고,

학급 일이나 학교 일도 성실히 하니 칭찬받았다.

성실하면 되는 것으로 생각했다.

그래서 성실하려고 했다.

어느 순간 그게 병이 되어 있었다.

무엇인가 하면 칭찬받고 인정받으려는 마음이 앞섰다.

칭찬이나 인정받지 않으면 안 된다는 생각에

시작부터 긴장되고 초조해지는 것이다.

굴레가 된 것이다.

성실하게 해서 칭찬받고 인정받으려는 마음은 또 하나의 굴레다.

그런 마음을 갖게 된 것이다.

기대하게 된다.

칭찬해 주지 않고

인정해 주지 않으면,

기대하는 것이 부응하지 않으면,

그때부터 마음이 떠난다.

주도적인 삶이 아닌 피동적인 삶의 모습이다.

내 안에 내가 만든 굴레에 얽매이는 것이다.

그 굴레를 내려놓고 거침없이 살아가야 한다.

속상한 것은
어떤 이유로 그 일이 하기 싫어진 것보다,
자기가 만든 굴레에서 벗어나지 못한다는 것이다.

하기 싫은 마음이 들 때,
자기 내면에서 기대하고 의지하는 마음을 찾아보자.
그런 마음에 매여 있는 자신을 인정하면 된다.

진정으로 하기 싫다면
외부 영향에 의해서가 아니라
스스로 선택하고 결정한 결과라면 좋겠다.
당당하게 살아가는 것이다.

명상이 별거냐

보고 들리는 것이 전부가 아니다

⋮

⋮

⋮

늘 밝은 얼굴로 있던 후배가 어느 날 굳은 표정을 하고 있다.

슬쩍 생각이 들어온다.

왜지?

어제 나하고 이야기할 때 찝찝한 것이 있었는데 그것 때문인가?

그래도 '아침부터 후배가 그런 얼굴을 하고 있어도 되나?'

'기본이 안 되어 있네'라고도 할 수 있다.

후배의 굳은 얼굴로

괜히 마음이 편치 않다.

시간이 조금 지나서 후배는 자신의 고민을 이야기한다.

그때서야 '아 그랬구나!', '그런 고민이 있었구나!'

후배가 왜 그런지 알게 된다.

후배의 굳은 표정을 보고

자신과의 문제로 오해하여

속으로 후배를 탓했던 것이
조금 멋쩍어진다.

보이는 것이 다가 아니다.
보이면 뭔가 생각한다.
알고 있는 범위 내에서 생각한다.
그럼 후배에 대해 얼마나 알고 있을까?
일할 때 보여주는 것 외는 아는 것이 없다.
후배의 얼굴을 보고 판단하는 것은
제한된 정보 내에서 내리는 것이다.
정확하지 않고
오류가 있다.
그래도 혼자서 망상을 피운다.
보이는 것이 다가 아닌데도.
나중에 가서야 자신의 망상에 대해 피식 웃을 뿐이다.

일상에서 늘 있는 일이다.
삶에서 무한 반복되는 일이다.
앞으로도 그럴 것이다.

보이는 것과 들리는 것에
좌지우지되는
자신을 멈추면 자유로워진다.

명상이 별거냐

아니 자유로워지기 위해 멈추는 것이다.

자기 스스로 자신의 생각에 대해
그렇지 않을 수도 있다고
또 다른 마음을 가져보는 것이다.
그렇지 않을 수도 있다는 것은 마음의 여유고
보이고 들리는 것에서 좀 떨어져서 보고 듣는 것이다.
그러기 위해서는 늘 자신을 주시하고 있어야 한다.

보이는 순간에, 들리는 순간에
자신이 알고 있는 정보로 판단하고 결정한다.
이때 판단하고 결정하는 그 생각을 바라본다.
이미 이렇게 판단하고 결정하겠다고 정했기 때문에
지금 이런 판단을 하고 결정하고 있다는 것을 아는 것이다.

이러다 보면
보이는 순간 이전에
들리는 순간 이전에
이미 판단하고 결정한 것을 알게 된다.
이미 판단하고 결정한 것이
보이고 들리는 순간과 연계되어
판단하고 결정하는 것이 보인다.

시간이 혼재된다.

과거가 현재가 되고,

현재가 미래가 되고,

미래가 과거가 된다.

과거 현재 미래가 하나로 이어져서 복잡하다.

늘 판단하고 결정하는 생각의 연속이다.

그런데 오로지 지금, 이 순간만 있을 뿐이다.

이 순간, 현재만.

지금 보이고 들리는 이 순간에 있으면 된다.

그냥 보고 있고 듣고 있을 뿐이다.

거기에 생각을 갖다 붙일 필요가 없다.

생각한다는 것은 과거의 기억으로 생각한다는 것이다.

그냥 보고 있고 듣고 있으면

과거와 미래는 없고 현재만 있다.

지금, 이 순간만.

명상한다는 것은

보이고 들리는 것에 의해

흔들리는 자신을

스스로 알아가는 과정이다.

그런 자신이 보일 때가 있다.

명상이 별거냐

그러면 남도 보인다.
알게 되는 '나'는 끊임없이 넓어지고 깊어지고
따라서 남도 그렇게 보인다.

이게 다가 아니고 그다음에 뭔가 있을 것이라는,
아니 그다음에 뭔가 있다는 마음을 갖는 것이다.
여지를 갖는 것이다.

내가 아는 것이 전부가 아니다

⋮

⋮

⋮

내가 아는 것이 다가 아니다.
내가 모르는 것도 있을 수 있다.
뭔가 여운을 남기는 것이고
그래야 새로운 것을 알 수 있다.
늘 새로워지는 것이다.

무엇인가를 보고 나서
생각하고 판단하고 결정할 때는
이미 알고 있는 지식을 활용한다.
제한된 지식으로 생각하고 판단하고 결정하니
오류가 있을 수 있다.

지금 맞다고 여기는 것이 조금만 위치를 바꾸면 맞지 않는다.
집에서 남편이 봤을 때는 그렇게 하는 것이 좋은데
아내가 봤을 때는 그렇지 않다.

명상이 별거냐

부모가 볼 때는 그렇게 하는 것이 맞는데

아이가 봤을 때는 그렇지 않다.

매니저가 봤을 때 맞는 것이 알바생이 보면 그렇지 않다.

내가 봤을 때는 맞는데 상대가 봤을 때는 그렇지 않다.

이렇게 보면 세상의 모든 것이 그렇다.

어느 하나도 딱 그것으로 있지 않다.

그럼 모든 것이 이것도 저것도 아니면 아무런 의미가 없나?

아니다.

여기서부터 시작이다.

모든 것은 위치가 바뀌고 입장이 바뀌면 다르게 보인다는 것을

아는 것이 우선이다.

그래야 내면에서 일어나는 감정, 생각도 다르게 볼 수 있다.

자신의 경험이 옳고

자신의 판단이 바르다고 하고

자신의 결정을 무조건 따른다.

아침에 급행 지하철을 타러 시간에 맞춰서 나갔는데,

급행 지하철이 올 시간인데 오지 않는다.

왜 안 오지?

지나갔나?

아차, 휴일이라 급행이 없다.

라면 끓이려고 냄비에 물을 붓고 가스레인지 불을 켰다.

물을 이 정도 넣으면 될까 냄비를 들여다봤는데

물이 부족한 것 같다.

물을 한 컵 더 붓는다.

그런데 기대했던 라면이 아니다.

물이 많았다.

이렇게 일상에서 자신이 판단, 결정이 틀리는 경우가 있다.

이럴 때는 단순한 해프닝으로 넘어갈 수 있다.

자기 혼자의 문제이기 때문이다.

그렇지만 사람과 사람 관계에서는 돌이킬 수 없는 문제가 발생한다.

어느 부부가 있었다.

어느 날 남편이 친구들과 술 먹고 들어왔는데

아내가 힘없이 말한다.

평소 같으면 늦게 들어왔다고 소리를 질렀을 텐데

그날은 그렇지 않다.

속이 안 좋아 낮에 소화제 사다 달라고 전화했는데,

왜 전화를 안 받았냐고 가쁜 숨을 몰아쉬기만 한다.

그리고 보니 아내는 소화가 안 되어 바늘로 손끝을

몇 번이나 딴 것 같다.

남편은 급한 마음에 응급실로 가보자고 하지만

아내는 진료비가 아깝다고 남편의 권유를 물리친다.

명상이 별거냐

명절이 되어 아내는 친정에 간다고 하고
병원에서 정밀 검사를 받았다.
명절 후에 아내는 남편에게 위암 말기라는 것을 말한다.
그제야 남편은 아차 한다.
아내가 괜찮은 줄 알았다.

누군가에게 스마트폰으로 메시지를 보냈는데 답이 없다.
왜 답을 안 하지?
그래도 내가 윗사람인데.
그러면서 여러 가지 생각이 들고 감정도 일어난다.
나중에 전파장애로 메시지가 가지 않는 경우가 있다는 것을
알았다.
상대는 메시지를 받지 못했다.
아! 그럴 수도 있구나.

공부를 잘하는 학생과 잘하지 못하는 학생의 차이는 뭘까?
공부를 잘하는 학생은 공부한 내용에 대해
자기 스스로 테스트하고,
알지 못한 것을 스스로 찾아낸다.
이런 과정에서 학업 성적이 좋게 나온다.
잘하지 못하는 학생은 자기는 공부를 다했다고 하지만
시험을 보면 기대했던 성적이 나오지 않는다.
이는 메타인지 관련 내용이다.

메타인지는 '인지에 대한 인지', '생각에 대한 생각'이다.

스스로 공부한 것을 점검하는 능력이 메타인지다.

메타인지가 높은 학생들은 합리적 의심을 한다.

내가 알고 있는 것이 맞나?

내가 안다고 한 것을 정말 알고 있는가?

자기 자신을 스스로 모니터링하고 조절하고 평가한다.

합리적 의심을 늘 한다.

공부를 잘하는 학생들의 모습이다.

일상에서도 늘 자신을 주시하고,

지금의 감정, 생각, 행동이 맞는 것인가 늘 주시한다.

합리적 의심이다.

그러면 오류를 조금씩 줄일 수 있다.

사람 관계에서 오해가 덜 일어난다.

내가 아는 것이 다가 아니다.

내가 모르는 것도 있을 수 있다.

뭔가 여운을 남기는 것이다.

그래야 새로운 것을 알 수 있다.

늘 새로워지는 것이다.

명상이 별거냐

지금의 감정과 생각이 전부가 아니다

⋮

⋮

⋮

지금의 감정과 생각이 진실 같다.
정말로 정말로 진실인 것 같다.
진실 외에 다른 것은 없는 것 같다.
그런데 진실이 아니다.

한 번 자존심이 상했고
감정이 상했다.
네가 뭔데.
그 후로는 뭘 해도 싫다.
내면에서 감정이 극에 이르면 앙갚음이 생긴다.
관계를 끊을까?
어떻게 관계를 끊으면 가장 심하게 영향을 줄 수 있을까?
그것으로도 분이 안 풀리면 또 다른 생각을 한다.
늘 마음속에는 반발하는 생각뿐이다.
감정과 생각의 트러블이 끊이지 않는다.

이런 일들이 일상에서 반복해서 일어난다.
상황이 다르고 대상이 다를 뿐이다.

그런데 이런 감정과 생각은 정말 진실 같지만, 진실이 아니다.
내가 만들어낸 망상이다.

자존심이 상했다고는 했지만, 그 근저에는 열등감이 자리하고 있다.
누군가 열등감을 건드려서 그것을 견딜 수 없는 것이다.
그 열등감에 대한 반동으로 복잡한 감정과 생각이 일어난다.
이 복잡한 감정과 생각은 지금까지 살아오면서 자기가 만든
대응 방식으로 반응할 뿐인데,
그런 감정과 생각이 '나'라고 고집한다.
감정과 생각에 계속하여 빠져들 뿐이다.
'가아'다.
가짜다.
진실이 아니다.

'또 다른 나'의 입장에서 바라보면 '가아'가 보인다.
이게 진실이 아닐 수도 있다는 '또 다른 나'의 입장에서
보려고 해야 '가아'가 보인다.
지금 생생한 '나'와 '또 다른 나'를 인정하면 보이기 시작한다.
하나가 아닌 둘, 둘이 아닌 셋을 인정해야 한다.

명상이 별거냐

그런데 하나밖에 없다.

지금의 아주 생생한 감정, 생각밖에 없다.

그게 전부인 것 같다.

그 사람에게는 그게 전부다.

그런데 전부가 아닐 거라는 의심을 하기 시작하면

또 다른 것이 보인다.

하나에서 둘이 되는 것이다.

감정과 생각이 아주 힘들어도

어느 순간 힘든 감정과 생각이 사라진다.

힘든 감정과 생각 외에 그렇지 않은 감정과 생각도 있는 것이다.

하나만 있는 것이 아니다.

둘도 있을 수 있고, 셋도 있을 수 있다.

하나만 있다고 여기면 가아에 머물러 있으면서

그게 가아라는 것도 모른다.

둘을 인정하면 이게 가아라는 것을 알게 되고,

이 가아는 진실이 아니라는 것을 안다.

셋을 인정하면 가아이고 진실이 아니라는 것을 아는

'또 다른 나'를 수용하는 것이다.

자존심이 상해서 일어나는 감정과 생각은

타인에 의해 일어나는 것이 아니고,

열등감이라는 자기 안의 원인을 알게 되면

격해진 감정과 생각은 조금씩 사라진다.
격랑이 스쳐 지나가고 나면 고요해지듯
생각과 감정이 평온해진다.

처음으로 돌아온 것이다.
그러면서 알게 된다.
다음에 또 다른 파도가 몰려온다는 것을.
그 파도가 기다려진다.

탄력적인 마음 갖기

⋮

⋮

⋮

감정, 생각, 행동에 부드러움이 필요하다.

쉽게 변화할 수 있어야 한다.

외부 영향에 의해 변하는 것이 아니다.

필요에 의해 스스로 바뀌는 것이다.

탄력성이 있는 것이다.

일상에서 일어나는 일이다.

여러 가지 일로 힘든데 이 일도 하라고 한다.

짜증이 난다.

왜 나에게만 일을 줘? 힘들어 죽겠어.

짜증이 난다.

나를 일부러 괴롭히려고 하나, 라는 생각도 하게 된다.

내면에서 반발하는 생각이 계속 일어난다.

복잡한 감정과 생각으로 힘들어진다.

그러다 문득 짜증이 나는 이유를 발견한다.

일이 힘들어서 짜증이 나고 화가 나는 것이 아니라

그 일을 결정할 때 내 생각을 들어주지 않았기 때문이다.

나를 인정해 주지 않아서다.

복잡하고 힘든 감정과 생각에서 자신의 자존심을 발견하였고,

자존심이 자신을 힘들게 한다.

그리고 생각해 보면 주어진 일이 그리 힘들지 않게 할 수 있다는

것도 알게 된다.

복잡했던 감정이나 생각이 사라지면,

주어진 일에 대해 거부감 없이 편한 마음으로 잘하게 된다.

외부 영향에 의해 선택된 감정이나 생각에서 벗어나야 한다.

자신도 모르게 부정적 감정이나 생각에 빠진

자기 자신을 발견하여,

자신을 이해하고,

그런 자신을 인정하는 것이다.

그리고 나니 자유로워지고,

새로운 세상이 열린다.

짜증 나는 마음도 있고 짜증 나지 않는 마음도 있다.

두 개의 마음이다.

그리고 이쪽저쪽을 오갈 수 있는 마음도 있다.

세 번째 마음이다.

명상이 별거냐

이쪽저쪽을 오갈 수 있는 마음이 있어 마음을 바꿀 수 있다.

딱딱하지 않고 부드럽고

묶여있지 않고 자유로운

마음이다.

세 번째 마음이 감정, 생각, 행동을 선택하고 결정하는

주체가 된다.

세 번째 마음으로 살아간다.

주인공이 되는 것이다.

내 삶을 리드하자

⋮

⋮

⋮

내면에서 일어나는 감정이나 생각은 변화한다.

감정이나 생각이 변화하고 있어 살아갈 수 있다.
일어난 감정이나 생각 중에 어떤 것은 수증기처럼 증발하기도 한다.
또 어떤 것은 내면의 어디로 숨어들어 가기도 한다.

살다 보면 슬픈 일도 있고 기쁜 일도 있다.
괴로운 일도 있고 즐거운 일도 있다.
고통스러운 일도 있고 재미있는 일도 있다.

슬픈 일 가운데서도 기쁜 일이 있고,
괴로움 가운데서도 즐거운 일이 있고,
고통스러운 가운데서도 웃는 일이 있다.

한 가지 감정이나 생각이 지속되지 않는다.

명상이 별거냐

여러 가지 감정이나 생각이 들쑥날쑥하다.
일상생활에서 느끼는 일들이다.

명상하다 보면 감정이나 생각을 자신의 의지로 바꿀 수 있게 된다.
슬픈 일이 있어도 슬픔에 빠지지 않고,
기뻐도 기쁨에 취하지 않는다.
괴롭지만 그 속에서 괴로워하는 자신을 발견하고,
고통 속에서 고통에 매몰되어 있는 자신을 알아차리게 되어,
괴로움과 고통에서 여유를 갖게 된다.

근거 없이 일어나는 감정이나 생각이 있다.

문득 걱정되는 생각으로 마음이 초조해지는 일이 있다.
집을 나섰는데 가스를 잠갔는지 기억이 나지 않아 걱정한다.
친구 모임에서 다른 집 자식 문제를 듣고 혹시 내 자식도
그러지 않을까 걱정한다.
몇 번 전화를 걸었는데 전화를 받지 않았을 때 불쾌하거나
무시당한다는 생각이 든다.

그런데 막상 집에 돌아와서 가스 잠근 것을 확인하면 안도한다.
내 자식에 대한 믿음을 가지면 걱정이 없어진다.
시간이 지나 연락이 되고 사연을 알게 되면 불쾌하거나
무시당했다는 생각은 사라진다.

바라보는 관점이나 태도의 차이가 감정과 생각을 바꾼다.

집을 나서는데 가스 걱정이 되었지만,

급히 가야 할 일이 있어 그냥 갔다 왔는데

가스가 잘 잠겨 있어 괜찮았던 기억도 있다.

걱정할 일도 아니었다는 것을 나중에 알게 된다.

어쩌면 많은 감정과 생각이 별것 아닐 수도 있다.

습관적으로 걱정하고 불안해한다.

일상에서 필요한 걱정도 있지만, 걱정이 걱정을 부르는 일이 많다.

걱정이나 불안이 생겼을 때 필요한 걱정인지

그냥 일어나는 걱정인지 구분이 안 된다.

그래서 그냥 걱정이 있으면 걱정에 빠질 뿐이다.

집을 나섰는데 가스를 잘 잠갔는지 걱정하는 것은

바로 전 자신의 행동이 기억나지 않아서고,

기억나지 않는 것은 조급하거나 불안한 마음이 있어서이며,

조급하고 불안한 마음은 지나간 일 혹은 다가올 일에

마음이 가 있기 때문이다.

지금, 이 순간에 있지 않은 것이다.

일상생활에서 지금, 이 순간보다

과거 또는 미래에 가 있는 시간이 많다.

그러니 조급하거나 불안한 마음이 알게 모르게 함께하고 있다.

그런 삶을 살아오고 있다.

명상이 별거냐

지금, 이 순간에 있자.

근거 없이 조급하고 불안한 마음을 내려놓자.

조급하고 불안한 마음이 올라오면 생각을 멈춘다.

호흡을 길게 한다.

단지 몸에 집중한다.

호흡을 느낀다.

그리고 고요함을 느낀다.

조급하고 불안한 감정이나 생각의 근저에는

부정적인 신념이나 태도가 있다.

부정적인 신념이나 태도는 내 삶의 일부이기에

바로 알아차리기가 어렵다.

부정적인 신념이나 태도로 살고 있는 자신을 볼 수 있어야 한다.

볼 수 있으면 부정적인 신념이나 태도는 조금씩 조금씩 없어지고

조급하고 불안한 마음도 사라진다.

그러면 주변에서 자식 문제를 이야기해도,

누가 전화를 받지 않아도 그냥 무심하게 지나갈 수 있다.

감정이나 생각은 변한다.

아니 변하게 한다.

자기 자신의 주인은 자기가 되는 것이다.

일상에서 알게 모르게 갖고 있는 조급하고 불안한 마음을
내려놓고 있으면,
필요한 걱정이 무엇인지 알게 된다.
이때부터는 걱정이 아닌 다가올 일에 대한 준비를 하는 것이다.

내 삶을 리드하기 시작하는 것이다.

명상이 별거냐

자기 바로 세우기

．
．
．

．
．
．

．
．
．

무엇을 위해 명상을 하지?

명상에 관심이 있거나 명상하고 있는 분들에게 물어보면 다양한
이야기를 한다.
마음이 안정되고,
집중력이 올라가고,
대인관계가 좋아지고,
통증을 줄일 수도 있다.
그리고 자존감이 높아진다.
자존감은 다른 것에 중요한 역할을 한다.
자존감이 높아지면 마음이 안정되고 집중력이 올라가고
대인관계도 좋아진다.

자존감은
자신에 대한 가치를 알고 자신을 소중하게 여기는 마음이고,

자기 스스로 자신을 높이는 마음이고,

흔들려도 다시 돌아오게 하는 마음이고,

힘들고 고통스러운 일이 있어도 스스로 일어나는 의지의 근원이고,

세상을 나로서 당당하게 살아가게 하는 힘이다.

명상하면서 알게 되는 것은 감정, 생각, 행동이

자기 의지와 무관하게 일어난다는 것이다.

습관적으로 감정을 내고 생각하고 행동하게 된다.

슬프고 외롭고 기쁘고 두려운 감정은 그런 환경에서

그렇게 드러나는 것이다.

누군가가 듣기 싫은 소리를 하면 어떤 감정이 일어나서

짜증이 날 수도 있고, 화가 날 수도 있고,

아니면 욱하고 폭발할 수도 있다.

왜 이런 감정이 일어날까?

외부의 영향에 의해 내면의 뭔가를 건드린 것이다.

누군가 무슨 말을 했을 때 감정이 일어나는 이유는

관련된 어떤 요소가 내면에 있기 때문이다.

응하는 것이 있다.

그게 뭘까?

열등감일 수도 있고, 아니면 강한 자존심일 수도 있다.

분명 어떤 요인이 있다.
열등감이나 자존심은 어떻게 생기게 되었을까?

이것도 살아오면서 많은 경험을 통해 누적된 결과다.
학교에서 집에서 직장에서 수많은 경험을 한다.
감정, 생각, 행동하는 그 순간은 수많은 경험과 연관되어
감정의 메커니즘, 생각의 메커니즘, 행동의 메커니즘이 이루어진다.
감정, 생각, 행동은 메커니즘에 의해 드러나는 것이지 자기 의지가
작용하고 있는 것은 아니다.

명상하면서 알게 되는 것은
감정을 내고
부정적인 생각을 하고
무심결에 행동하는
자신의 모습이다.
누군가가 뭐라고 했다고
굳이 자기가 그렇게 감정을 낼 필요가 없는데
그러고 있는 자신의 모습을 보게 된다.
머리에서는 감정을 낼 마음이 없는데
올라오는 감정을 주체하지 못하는
자신의 모습이 보인다.
답답하다.
정말이지 답답하다.

누군가의 말이나 표정을 보고 부정적인 생각을 할 이유가 없는데
그러고 있는 자신의 모습이 보인다.

어디에서 그런 부정적이고 치졸한 생각들이 숨어있다가 나오는지
스스로 놀란다.

나에게 이런 면이 있었나?

한심하기도 하다.

치과에 가서 이를 치료하는 의자에 앉는 순간
왠지 모르게 숨이 가빠진다.

그러다 드릴이 입안에 들어갈 때는 가슴이 더 조여진다.

아무렇지도 않은데 말이다.

불안으로 인해 무의식에서 나오는 몸의 반응이다.

자신의 감정, 생각, 행동을 보게 되면
부정적인 생각을 하는 것이나
무심결에 행동하는 것이 사라진다.

조금씩 조금씩 감정, 생각, 행동의 주인이
본래의 자기로 돌아오는 것이다.

판단하고 결정하는 주인공이 되는 것이다.

마음을 먹는 주인공이다.

누가 뭐라고 해도 감정이 흔들리지 않고,
누가 어떤 말이나 표정을 지어도 무심하게 지나고,

명상이 별거냐

무의식적인 행동은 의식적으로 돌린다.

외부의 영향에 의해 흔들렸던 감정, 생각, 행동이 조금씩 줄어든다.

외부 영향에서 벗어나서 자유로워진다.

밖에서 조금 시끄러워도 일에 몰입할 수 있고,

사람과의 관계에서 당당해지고,

힘들고 고통스러워도 쉽게 이겨낼 수 있다.

삶에 자신감이 생기고 자존감이 높아지는 것이다.

자유로운 삶이 된다.

내 삶의 주인이 되자

⋮

⋮

⋮

내 삶의 주인은 누구일까?
어떻게 사는 것이 삶의 주인이 되는 것일까?

강요에 의한 자발적 선택이 있다.
밀려서 선택하는 것이다.

아침 출근길 지하철에서 사람들이 몰려나오거나 들어갈 때는
그냥 딸려 간다.
고공 비행기에서 집단으로 낙하할 때
앞에서 뛰어내리면 뒤에 있는 사람은
그냥 따라서 뛰어내리게 된다.
회의 시 의사결정을 할 때 대부분 찬성하는 의견에 따라가게 된다.
강물이 흘러갈 때 물에 몸을 맡기면 잘 흘러간다.
이렇게 밀려서 선택하는 것은 편리하다.
그냥 가면 되니까 말이다.

굳이 '나'를 주장할 필요가 없다.

그런데 사람에 밀려서 내려야 할 역이 아닌데 내리면 안 되고,
비행기에서 밀려서 떨어지더라도 낙하산은 내가 펴서
내가 원하는 곳에 착지해야 하고,
대부분이 찬성하는 의사결정이 항상 옳은 것은 아니고,
강물을 따라가더라도 어디에선가는 멈춰야 한다.
내가 결정하고 선택해야 하는 순간이 있다.
그 순간은 내가 주인공이다.

일상생활에서 많은 순간은
밀려서 감정을 표현하고 생각하고 행동한다.
아침에 눈을 뜨고,
양치질하고,
밥 먹고,
대화하고,
울고,
웃고,
짜증 내고,
하품하고,
커피 마시고,
화장실에서 볼일 보고,
잠을 잔다.

그냥 밀려서 하게 된다.

그런데 순간순간에는 하던 것에서 멈추어 설 수 있어야 한다.
아침에 원하는 시간에 눈을 뜨고,
양치질하면서는 딴생각하지 않고 그냥 양치질만 하고,
밥 먹을 때도 그냥 밥 먹고,
이야기할 때 그냥 이야기하고,
울고 싶을 때 그냥 울고,
웃고 싶을 때 그냥 웃고,
짜증 날 때 그냥 짜증 내고,
커피 마실 때도 그냥 커피만 마시고,
화장실에서 딴생각하지 않고 그냥 볼일만 보고,
잠자야 할 때 그냥 자면 된다.
밀려서 이루어지지만, 순간순간 내가 선택한다.
내 삶의 주인으로서 역할을 하는 것이다.

삶의 주인이 되기 위해서는 삶 전체를 느끼고 있어야 한다.
원하는 역에서 내리기 위해서는 지하철이 지금 어디를 지나고
있는지 알아야 하듯 말이다.
주시하고 있는 것이다.
그러다 내려야 할 역에 오면 내리면 된다.
가끔 딴생각하다, 아니면 졸다 역을 지나치기도 한다.
아차! 한다.

명상이 별거냐

주시하고 있지 않아서다.

일상생활에서도 주시하고 있으면 된다.

지금 무엇을 하고 있는지를 말이다.

밥 먹고 있고,

이야기하고 있고,

울고 있고,

웃고 있고,

짜증 내고 있고,

커피 마시고 있고,

화장실에서 볼일 보고 있고,

잠잘 시간이 된 것을 알아차리는 것이다.

지금, 이 순간에 있는 것이다.

이 순간을 선택하는 것은

밀려서 나가는 '나'가 아닌

늘 주시하고 있는 '또 다른 나'다.

'또 다른 나'로 살아가는 것이다.

외롭고 고독하다.

그렇지만 기다려진다.

삶의 주인이 되고 있기에.

1. 나는 걸으면서 명상을 한다

2

다시
태어나기:
리본
(reborn)

첫째: 이해하기
둘째: 자기 바라보기
셋째: 자기 인정하기
넷째: 자기 내려놓기
다섯째: 새로운 자기 만들기

다시 태어나기: 리본(reborn)

⋮

⋮

⋮

매일매일 다시 태어나고,
순간순간 다시 태어난다.
매일매일이 새롭고,
순간순간이 새롭다.
그렇게 살아가야 하고,
그러고 싶다.

그런데 삶은
과거에 매여있고
과거에 집착하고
과거의 나에게서 벗어나지 못한다.

다시 태어나기는
매일매일 새롭게 태어나고
순간순간 새로워지기 위해

명상이 별거냐

자기 자신를 변화하는 과정이다.

이 과정에서 어느 정도 순서와 절차가 필요하다.
기독교, 불교, 마음챙김 명상, 도학 등 영적 지도자의 수행에는
메타적 사고 과정이 있다.
자기실현을 위해 성찰하고 궁극적 도달점에 이루기 위한 방법은
차이가 있지만,
수행하는 과정에서 공통된 사고 과정을 거친다.
메타인지적 사고 과정이다.

메타인지는 '생각에 대한 생각'이며
메타인지적 사고 과정은 '사고 과정에 대한 사고 과정'이다.

메타인지적 사고 과정은
개념이해, 자기관찰, 자기이해, 자기해체, 자기재규정의 다섯 단계다.
영적 지도자는 이 다섯 단계를 거치면서 수행의 깊이를 더해 간다.

개념이해는 자기를 초월하는 방법이나 절차를 이해하는 것이고,
자기관찰은 자기를 초월하기 위해 내려놓을 자신을
바라보는 것이고,
자기이해는 내려놓지 못하고 있는 자기 자신을 인정하는 것이고,
자기해체는 현재의 자신을 내려놓고 거리 두기 하는 것이고,
자기재규정은 새로운 자기가 되는 것이다.

이 사고 과정은 영적 지도자가 아닌 일반인에게도 스스로 자신을 변화하는 과정에 적용할 수 있다.

자기 자신의 변화는 영적 지도자의 수행과정과 그리 큰 차이가 없기 때문이다.

다시 태어나기는
기존의 나에서 벗어나
새로운 나로 다시 태어나는
자기 자신을 변화시키는 과정으로
이해하기, 자기 바라보기, 자기 인정하기, 자기 내려놓기,
새로운 자기 만들기 순으로 진행한다.

이 과정은 대략적인 사고의 흐름으로 반드시 순서를 따르지는 않으며, 한두 단계로 축약해서 이뤄질 수도 있고, 건너뛸 수도 있다. 그리고 각 단계는 나머지 네 단계의 의미가 내포되어 있다.

명상이 별거냐

첫째: 이해하기

⋮

⋮

⋮

다시 태어나기 위해서는
다시 태어나는 방법과 과정에 대한 이해가 필요하다.

자전거를 타고 밥을 짓기 위해서는
누군가로부터 배우든지 아니면 스스로 방법을 터득해야 한다.

어렸을 때 집에 자전거가 있었다.
누군가로부터 자전거 타는 법을 배웠다.
중심 잡는 법, 브레이크 잡는 법 등을 말이다.
누군가로부터 배우지 않았다면 스스로 터득하는 데
시간이 오래 걸렸을 뿐만 아니라 제대로 배우기 어려웠을 것이다.
자전거를 배우면서 작은 사고가 여러 번 있었다.
넘어지고 부딪히고 걸리고 쓰러지면서 자전거를 배웠다.

밥 짓는 것도 마찬가지이다.

밥 짓는 방법도 처음에는 누구에게서 들었을 것이다.
그 방법을 듣고 조금씩 조금씩 반복하면서 나름대로 방법을 터득
하였을 것이다.

자전거를 타고, 밥 짓는 것에서 알 수 있는 것은
방법을 머리로 이해하는 것뿐만 아니라,
실제 그렇게 될 수 있도록 체득한다는 것이다.
우선 자전거 타는 법, 밥 짓는 법을 배우고,
그 방법을 몸으로 체득하는 것이다.
체득하기 위해서는 수많은 애씀이 있어야 하고,
애씀의 결과로 체득이 된다.

무엇인가 시작하기 전에 관련된 방법을 알아야 하고
체득해야 하는 것을 알아야 한다.
몸으로 체득하기 위해 관련된 지식을 배우는 것이다.

자전거를 타기 위해서는 직접 자전거 타는 법을 배워야 한다.
지식으로 이렇게 하면 되고 저렇게 하면 되고
아무리 많이 알고 있어도
직접 타보지 않으면 자전거를 배울 수 없다.
밥 만드는 것도 마찬가지다.
손으로 직접 해봐야 한다.
아무리 이야기해도 직접 해보지 않으면 안 된다.

명상이 별거냐

자기 자신을 변화시키려고 할 때는 어떤가?
자신의 프레임을 고쳐서 새롭게 태어나고자 할 때는?

명상하면서 '마음 내려놓기'라는 것을 하게 된다.
무엇을 내려놓으라는 것인지 처음에는 깜깜하다.
자전거를 처음 배울 때 옆에서 아무리 이야기해줘도
모르듯이 말이다.
처음에는 잘 안 되지만 반복하면서 감을 잡는다.
밥 짓는 것도 어느 순간 감을 잡게 된다.

'마음 내려놓기'를 하기 위해서도 순서가 있다.
마음이 무엇인지를 알아야 하고
내려놓는다는 것이 무엇인지를 알아야 한다.

마음은 무엇일까?
내려놓는다는 것은 무엇일까?

마음이라는 것은 너무나 광범위하고 추상적인 개념이다.
쉽게 잡히지 않는다.
그런데 내려놓기 위해서는 추상이 아닌
무엇인가 잡히는 것이 있어야 한다.
손에 잡히는 마음을 말해 줄 수 있는 선지식도 필요하다.

2. 다시 태어나기: 리본(reborn)

내려놓기도 마찬가지이다.

내려놓는다는 것도 추상이 아닌 무엇인가 실재하는 것이어야 한다.

감을 잡는 것이다.

자전거 타는 법, 밥 짓는 법을 배울 때 누군가의 도움으로 스스로 감을 잡았듯이.

마음에 대한 감,

내려놓기에 대한 감을 잡아야 한다.

지식이 필요하고 선지식이 필요한 이유는 감을 잡기 위해서다.

책을 통해 필요한 지식을 배우고,

선지식은 책에서 표현하지 못하는 것을 알려준다.

책과 선지식은 배우고 체득하는 데 많은 도움이 된다.

'이해하기'는

머리로 아는 것뿐만 아니라

몸으로 직접 체득하여

감 잡는 것까지다.

명상이 별거냐

둘째: 자기 바라보기

⋮

⋮

⋮

다시 태어나기 위해서는 내려놓을 것을 볼 수 있어야 한다.

무엇인가를 보려고 하면 보이는 것이 있다.
보는 것이 아닌 보이는 것이다.

골프를 배울 때 비디오 캠을 사용했던 적이 있다.
옆에서 알려준 대로 자세를 고치려고 해도 잘 안 되어,
골프 자세를 비디오로 찍었다.
잘못된 자세를 확실하게 알 수 있어서
자세를 고치는 데 많은 도움이 되었다.

스스로 자신을 볼 수 없으니 누군가의 시선으로 봐주는 것은
도움이 된다.
그렇지만 자기 스스로 보는 것만큼은 아니다.
자신을 자기 눈으로 보는 것이다.

그럼 보인다.

그럼 무엇을 봐야 할까?
자신의 감정, 생각, 행동을 보는 것이다.
이를 뭉뚱그려서 마음이라고도 한다.

처음에는 자신의 감정, 생각, 행동이 보이지 않는다.
아니, 볼 수 없다.
여태까지 내가 나를 본다는 의식이 없었다.
그러니 내 마음을 내가 본다는 것이 비현실적인 이야기가 된다.
처음 시작할 때는 그렇다.
관심 두고 하다 보면 보이는 순간이 있다.

내 마음 중에 쉽게 접하는 것은 감정이다.
감정은 하루에도 수십 번이나 쉼 없이 오르락내리락한다.
조급한 마음, 불안한 마음, 즐거운 마음, 답답한 마음으로 말이다.

감정이 일어나면 기록해보는 것도 좋다.
감정은 수증기와 같아 금방 사라져 버린다.
짧은 틈을 이용해서 스마트폰이나 메모지에
어떤 감정인지 적어 본다.
떠오르는 단어 위주로 적어도 된다.
그러다 짧은 단문을 만들어보기도 한다.

명상이 별거냐

좀 지나다 보면 감정 관련하여 긴 문장을 만들 수 있게 된다.
그러면서 하나의 감정과 연계된 여러 가지 내면의 문제를 알게
된다.

어떤 일로 화가 난다.
화가 났으니 어쩔 수 없이 화낼 수밖에 없다.
그리고 그 감정을 적어 본다.
'화가 났네.'
짜증을 냈으면, '짜증을 냈네.'
순간순간 있었던 감정을 글로 적어보는 것이다.

자신의 감정을 글로 쓰다 보면
내가 왜 화를 냈는지 궁금하게 되고,
좀 더 시간이 흐르면 화를 꼭 냈어야 했는지 후회하기도 한다.
그런 복잡한 마음을 적어 본다.
'이런저런 이유로 화가 났고, 그 정도의 일로 화를 내어
상대의 마음을 아프게 해서 미안한 마음이 든다.'

화를 내는 경우는 다양하다.
직장에서 업무 관련하여,
아니면 집에서 부부간 또는 부모와 자식 간에 어떤 일로 인해
화를 내게 된다.
직장에서 일어난 일도 적어 보고,

부부간, 부모와 자식 간에 일어난 일도 적어 본다.

어느 순간에 화를 낸 자신의 모습이 보인다.

자신의 내면에 해결되지 않았던 감추어진 감정을 발견하게 되고,
그 감정으로 인해 그렇게 화낸 것을 알게 된다.
옛날 언젠가 부모로부터 받았던 무시, 차별, 억눌림을 알게 되고,
그로 인해 스스로 만들어놓았던 벽을 찾게 되며,
그래서 뭔가 마음에 차지 않았을 때 화냈던 자신을 보게 된다.

자신의 감정이 보이기 시작한 것이다.
마음의 눈이 생긴 것이다.

자기 바라보기는 이때부터다.

화가 난 것을 느끼는 것은 의식의 수준이다.
내가 쉽게 의식할 수 있다.
화가 난 이유를 알게 되는 것은 무의식의 수준이다.

마음을 내려놓겠다고 하는 것은 의식 차원이 아닌
무의식 차원이다.
의식 차원에서 화를 내지 말아야지 아무리 다짐을 하고 다짐을
해도 고쳐지지 않는다.

명상이 별거냐

무의식 차원에서 화내는 원인을 제거하지 않았기 때문이다.
마음 내려놓기는 화내는 원인을 제거하는 것이다.
제거한다고 칼로 도려내고 도끼로 내려치는 것이 아니다.
마음의 눈으로 화내는 원인을 볼 수 있게 되고,
보이면 사라진다.

자기 바라보기는
추상적이고 비현실적인 것을 바라보는 것이 아니다.
실재하고 눈에 보이는 생생한 자신의 모습을 바라보는 것이다.

바라보는 주체는 삶에 빠져있는 '나'가 아니다.
메타인지, 메타의식, 초자아, 사띠로 보는 것이다.
축구장에서 열심히 뛰는 선수보다 감독이 더 많은 것을
볼 수 있고 더 객관적으로 볼 수 있다.
감독이 축구 경기를 보고 있는 것은
추상적이지도 비현실적이지도 않다.
생생한 현실이다.
자기 바라보기는 그런 것이다.
나의 감정, 생각, 행동을 감독의 입장에서 보는 것과 같다.

보이면 된다.
보이면 사라진다.
보이면 변화가 시작된다.

셋째: 자기 인정하기

⋮

⋮

⋮

다시 태어나기 위해서는 있는 그대로의 자신을 인정해야 한다.

시험 성적이 예상보다 낮을 때가 있다.
물론 시험이 어렵거나 공부한 범위에서 나오지 않아
그럴 수도 있다.
외적인 영향도 분명히 있지만,
문제의 탓을 외부로 돌리면 내가 할 수 있는 것은 아무것도 없다.
어려운 시험에 대비하지 못한 이유도 있고,
시험 범위에 대해 정확하게 파악하지 못한 본인의 탓도 있다.
자기를 중심으로 문제를 해결해 나가야 한다.
자기가 주체고 주인공이기 때문이다.

공부 방법에 어떤 잘못이 있었는지 하나씩 하나씩 따져보면
보이기 시작한다.
철저하지 못한 공부 방법 또는 공부에 대한 태도가 있었을 것이다.

명상이 별거냐

공부에 대한 자신의 프레임을 발견하게 된다.

아! 그래서 그랬구나.

그런 자신을 인정하면 된다.

똑같은 실수를 저지르지 않으려고 애를 쓴다.

자신의 실수를 인정하는 것은

공부 프레임의 문제를 정확하게 인식하여

그 프레임을 고쳐서 다음에는 더 잘해보겠다는 의지가 담겨있다.

인정하기는 기존의 자신을 버리고 내려놓기 위해 필요하다.

어느 드라마에 나오는 내용이다.

연쇄살인범을 쫓는 스릴러인데 경찰 내에서 범인을 쫓는 목적이

서로 달라 살인범을 놓치게 된다.

한 사람은 경찰의 허위 수사를 숨기기 위해 범인을 쫓고,

한 사람은 자신의 실수를 감추기 위해 범인을 쫓고,

한 사람은 자신의 애인을 죽인 사람을 찾기 위해 범인을 쫓는다.

동상이몽이다.

그러면서 희생자는 계속 발생하게 된다. 꼬이고 또 꼬인다.

범인에 대한 각자의 의도를 숨겨서 문제는 더욱 꼬이게 된다.

각자는 각자의 목적을 위해 각자의 프레임에 빠져있어 서로 간에

공조는 없다.

그로 인한 피해는 다른 사람이 당한다.

범인을 잡겠다는 하나의 목적으로 각자의 생각, 프레임을
내려놓을 수 있어야 했다.
그런 프레임에 빠져있음을 인정할 수 있어야 한다.

자신의 프레임을 인정하지 못하는 이유는 뭘까?
다가올 일에 대한 불안감, 두려움, 외부의 따가운 시선 때문이다.
인정하는 순간에 그동안 쌓은 모든 것이 무너진다고 생각한다.
전체 상황을 보기보다 자기 자신을 더욱 우선시하는 프레임에
갇혀 있는 것이다.

미스터 트롯 결승전에서 방송사고가 있었다.
코로나19로 방청객 없이 진행하다 보니 실시간 시청자 의견을
결승전 점수에 반영하였다.
예상보다 훨씬 많은 사람의 의견을 접수하여 집계하는 과정에서
서버가 지연되었다.
그때 시간이 이미 새벽 1시를 넘어가고 있었다.
사회자가 시청자에게 죄송하다는 말과 함께 우승자 결정은
일주일 후에 한다고 설명하였다.
그렇구나. 이럴 수도 있구나, 라고 생각했다.
결승전을 마지막까지 보고 있는 시청자 입장에서는
이해할 수 있었다.
최종 우승자를 선발하는 당일 상황을 사회자가 그때그때
계속하여 알려주었고,

명상이 별거냐

방송사가 최선을 다했지만, 예정대로 진행하지 못하는 것에 대해 인정하고 시청자에게 양해를 구했다.

방송사로서는 있을 수 없는 일이기는 하지만, 충분히 이해할 수 있는 상황이었다.

결과를 다음에 봐야 한다는 아쉬움이 남기는 했지만.

인정하는 것은 내면의 문제를 해결하려고 할 때 더욱 필요하다.

시험을 잘못 보고 나서 외부 탓만 하면 문제의 해법을 찾을 수 없고 진전도 없다.

내가 무엇을 잘못했는지 알고 나서 '아! 내가 실수했구나'라고 스스로 인정하면 된다.

그리고 그런 실수가 다시 일어나지 않도록 준비하고 애를 쓰면 된다.

직장 내에서 업무를 할 때도 계획대로 되지 않을 때 외부 탓을 하기보다 자신에게 어떤 문제가 있는지 찾아보고 그 문제를 인정하는 것이 필요하다.

그렇지 않고 그냥 두고 있으면 한번 꼬이면 계속 꼬여 수렁에 빠진다.

그런데 인정한다고 해서 다 똑같지는 않다.

형식적으로 하는 사과, 정치인이 말로 하는 사과는 의미가 없다.

상황을 모면하기 위한 것으로 진정으로 바꾸려는 마음이 없기 때문이다.

자기 스스로 프레임을 바꿔보려고 한다면
보여주기 위한 것은 의미가 없다.
그렇게 해서는 바꿀 수 없기 때문이다.
자기 인정하기는 자신에 대한 성찰의 결과여야 한다.

자기가 가진 프레임을 스스로 찾아보고,
찾고 나면 인정하는 것이다.
이런 프레임을 가지고 있었구나.
인정하면 이런 프레임으로 살아온 자기 자신에게
안타까운 마음이 든다.
여태까지 이런 프레임으로 살아오면서
미처 알아차리지 못해
미안한 마음이 들고,
이런 나와 함께 있어 줘서 고맙다는 마음이 든다.
그러면 내려놓게 된다.

명상이 별거냐

넷째: 자기 내려놓기

⋮

⋮

⋮

무엇을 내려놓는 것일까?
어떻게 내려놓는 것일까?

한쪽만 보려는 마음을
누구에 의해 내려놓는 것이 아니라 스스로 내려놓는 것이다.
보이면 된다.

내가 뭔가 붙잡고 있다.
죽음에 대한 것도 그렇다.
죽는다는 것은 좋은 것인가 아니면 좋지 않은 것인가?
누군가 죽는다는 것은 더는 볼 수 없어서 왠지 슬프다.
가까이에 있던 누군가가 죽었다고 하면 복잡한 감정이 휘몰아친다.
더는 볼 수 없고, 못 해준 것에 아쉬움이 남고,
그렇게 살아온 삶에 안타까움이 남는다.
죽은 사람이 죽음에 대해 어떻게 생각하고 있는지보다

자기 입장에서 생각하고 판단하는 것이다.

어쩌면 죽음에 대해 이별이라는 부정적 관념에

갇혀 있는지도 모른다.

이별이 부정적인 측면만 있는 것이 아니라 긍정적인 측면도 있다.

이별이 나와의 관계를 마무리하고

새로운 시작이라고 생각할 수도 있다.

누군가와 이별을 하고 헤어지는 것이

새로운 시작을 할 수 있는 계기를 마련해 줄 수 있다면 괜찮다.

이혼한다는 것이 부정적이지만은 않다.

굴레에서 벗어날 수 있다면 괜찮다.

굴레에 있는 것이 힘들다면 굴레에서 벗어나는 것도 필요하다.

이별에도 긍정적인 측면이 있다.

죽음에 대한 것도 부정적인 측면 외에 긍정적인 측면이 있다.

우리나라의 어느 마을에서는 누군가가 죽으면 동네 사람들이

잔치를 벌인다고 한다.

자신의 신념은 하나를 갖고 다른 하나를 포기하게 한다.

좋아하는 음식은 좋아하지 않는 음식을 멀리하게 하고,

좋아하는 노래는 좋아하지 않는 노래와 거리를 두게 한다.

양이 있으면 음이 있고 음이 있으면 양이 있다.

그런데 음과 양은 항상 공존하고 있다.

명상이 별거냐

태극기의 가운데에 그려져 있는 태극을 보면 음과 양의 비중이
차이가 있지만
음과 양은 항상 함께하고 있다.
좋아하는 것만 좋아하다 보면 한쪽 세계만 알게 되고,
다른 쪽 세계와는 거리를 두게 된다.
이별에 대해 부정적 측면만 가지고 있고 긍정적 측면은 모르고
있는 것과 같고,
죽음에 대해서 슬픔, 안타까움으로만 가지고 있고,
새로운 시작이라는 생각을 못 하게 된다.
늘 한쪽만 보고 있다.
다른 한쪽도 있는데 말이다.

'자기 내려놓기'는 한쪽만 보는 것이 아니라
양쪽을 다 보는 의식을 갖는 것이다.
여유를 갖는 것이고,
균형을 잡는 것이다.
거리 두기 하는 것이다.

문자를 보냈는데 상대가 응답이 없을 때,
상대에 대해 짜증 내고 화내기도 하지만,
뭔 일이 있겠다고 생각해 본다.
회사에서 돌아온 남편의 얼굴이 굳어있고
말투가 마음에 들지 않을 때,

짜증 내지 말라고 하기보다 무슨 일이 있었을까 생각해 본다.
가까이 있던 누군가 죽었다면, 슬픔에만 빠져있지 말고
새로운 시작을 했겠다고 생각해 본다.

한쪽 면만 보고 있던 것에서 다른 한쪽에 관심을 가진다.
부정적으로 보던 것에서 긍정적인 측면에도 마음을 둔다.

순간순간 마음을 돌려보는 것이다.
한쪽만 보는 것에서 다른 한쪽도 볼 수 있어야 하고
부정적인 것만 보던 것에서 긍정적인 측면도 볼 수 있는
내가 되어야 한다.

문자에 대해 답변을 하지 않았을 때, 그냥 나중에 연락 오겠지.
남편이 얼굴이 굳어있고 말투가 이상할 때, 그냥 뭔 일이 있나.
누군가가 돌아가셨을 때, 좋은 곳에서 태어나시겠구나.

살아가면서 접하는 상황에 기존의 관념으로 반응하는 것이 아니다.
기존의 관념에서 벗어나서 바로 보는 것이다.

문자에 대해 답변이 오지 않았을 때,
상대에 대해 불쾌한 감정이 올라오는 것은 여러 가지 이유가 있다.
상대에 대한 문제보다 자기 내면에서 그 원인을 찾을 수 있다.

명상이 별거냐

상대에 대한 부정적인 인식이 있을 수도 있고,
문자를 보내면 바로 답변해야 한다는 나만의 원칙이 있을 수도 있고,
내 감정이 그리 편치 않았을 수도 있다.

내면에 있는 요인을 찾아보면 뭔가 보인다.
상대에 대해 부정적인 인식이 있었구나,
나만의 원칙이 있었구나,
그때 조급한 마음이 있었구나.

삶에서 일어나는 일에 대해 한쪽으로 치우치게 반응하는 나만의
프레임이 보이기 시작하는 것이다.
다른 일에서도 한쪽으로 치우친 자신의 프레임이 보이기 시작하면
내 삶이 변하기 시작하는 것이다.

자기 내려놓기는 양쪽을 보려는 마음으로
한쪽만 보고 살아왔던 자신의 프레임을 찾아내는 것이다.
어느 순간 그게 보인다.
보이면 사라진다.

다섯째: 새로운 자기 만들기

⋮

⋮

⋮

새로운 자기 만들기는
자기 내려놓기 이후에
새로운 프레임을 가지게 된 것으로,
전체가 바뀐 것이 아니라 하나의 프레임이 달라진 것이다.

다시 태어나기는
한 번에 모든 것이 바뀌는 것이 아니고
새로운 자기 만들기를 반복하는 가운데 이루어진다.

어떤 스님이 깨달음을 얻었다고 했을 때
모든 것이 한꺼번에 바뀌어 깨달음의 삶을 살아갈까?
그렇지 않다.

깨달음을 얻은 것은 이제 시작에 불과하다.
깨달음을 확장하고

명상이 별거냐

깨달음이 무너지지 않게 하는
애씀이 무엇보다 필요하다.

새로운 자기 만들기는
자신의 프레임을
계속하여 바꾸어 가는 과정에서
어느 마디의 끝이면서
다시 새로운 마디의 시작이다.

초등학교에서 중학교로
중학교에서 고등학교로
고등학교에서 대학교로
올라간다.
대학교를 졸업해도 계속해서 새로운 공부를 한다.

다시 태어나고
다시 태어나고
다시 태어나길 반복하는 것이다.

감정에 대한 자기 프레임을 발견하고 내려놓기가 되었다고 하자.
그래서 감정에 의해 마음이 흔들리지 않게 되었다.
그런데 혼란스러운 경험을 하게 된다.
일터에서 주위 동료와의 관계에서는 감정 조절이 잘 되는데,

집에 오면 잘 안 되거나,

집에서는 감정 변화가 별로 없는데,

사람을 만나면 감정 변화가 커지기도 한다.

분명히 감정에 대한 자기 프레임을 발견했고,

그래서 어떻게 하면 올라오는 화를 내려놓을 수 있는지 알고 있지만

막상 상황이 바뀌고 장소가 달라지면 그렇지 않다.

자전거를 처음 타기 시작했다고 하여

다른 자전거를 금방 능숙하게 탈 수 없다.

처음에는 일반 자전거를 타고,

나중에 산악용 자전거나 경주용 자전거를 탈 수 있게 된다.

수영 배울 때도 마찬가지다.

처음에 평영을 배우고,

평영에 대해 감을 잡기 시작하면

자유형, 접영, 배영을 하나씩 배워간다.

수영장에서 하는 것과 바다에서 하는 수영은 또 다르다.

바다에서도 수영을 해봐야 한다.

군에 가면 전투수영이라고 하여

침투하고 공격할 때 강을 건너기 위해

전투복을 입고 무거운 군장을 이용하여 수영한다.

어렵지는 않지만, 심리적 부담이 더 크다.

평영 하나만 하고 수영을 한다고 할 수 없고,

명상이 별거냐

여러 가지 상황에서도 할 수 있었을 때

수영에 관해 이야기할 수 있다.

새로운 환경에서 자신의 능력을 계속하여 확장해 나가는 것이다.

새로운 자기 만들기는

종점이면서 출발점이다.

새로운 자기 만들기가 출발점이 되기 위해서는

그에 맞는 새로운 지식이 필요하다.

알아야 한다.

앞으로 가는 곳이

어디이고

어떻게 가야 하고

어떤 어려움이 있는지를.

일터에서의 감정과 집에서의 감정은 다르다.

일터에서는 공적인 관계가 형성되어 있어,

그 일터에 맞는 감정의 위계가 있다.

상하관계가 있어 내 마음대로 감정을 표현할 수 없고,

있는 그대로의 감정 표현이 연말 성과금에 영향을 줄 수 있다고

여기기 때문에

웬만한 일에는 감정 자제를 하게 된다.

그런데 집에서는 다르다.

집안의 가장이고,

남편이고,

아버지이기 때문에

그에 맞는 감정이 있다.

어느 누구도 자기를 통제하지 않는다.

그런 의식을 가지고 있다.

일터에서 자제해온 감정이

집에 돌아온 순간 무장해제가 된다.

쉽게 감정 표현이 된다.

일터와 집에서의 감정을 대하는 태도가 다르다.

이것을 일치시켜야 한다.

처음 자신의 감정에 대한 프레임을 알았다고 하지만,

덜 알고 있는 것이다.

일터와 집의 차이를 알아야 하고,

집에서 감정을 조절하기 위해서 자기가 무엇을 해야 하는지도

알아야 한다.

그래야 집에서도 감정에 휘둘리지 않게 된다.

일터와 집이라는 환경도 시간에 따라 계속 바뀐다.

바뀔 때마다

늘 같은 마음을 가지고 있어야 한다.

명상이 별거냐

늘 새로운 자기 만들기를 하는 것이다.

자전거를 배울 때도 그렇다.

일반 자전거를 타다가 경주용 자전거를 탈 때는

그 경주용 자전거의 특성을 알아야 하고,

자전거 경기장의 특성도 알아야 한다.

새로운 것을 알고 적응해 가는 것이다.

새로운 지식이 필요하다.

새로운 지식 없이 하는 것은 그냥 해보는 것에 불과하다.

그냥 그런 삶을 사는 것이다.

어느 정도 오르면

그에 맞는 지식을 배워서,

자기 바라보기,

자기 인정하기,

자기 내려놓기를 거쳐

좀 더 오르게 된다.

이런 과정을 반복하면

좀 더

좀 더

오르게 된다.

늘 새로운 자기 만들기다.

3

일상에서
변화의
시작

생각의 전환
마음의 태도를 바꾸자
몸이 매워하는 것이다
참아라, 참아라, 참아라?
신념 그리고 불합리한 신념
나를 위해 음식을 만들자
아이가 나를 닮지 않길 바란다면
질문 잘하는 아이
질문의 내용도 중요하다
자문자답을 할 수 있어야 한다
알고 책을 보자
중용이라고 하는 것은
지혜를 배우는 방법

생각의 전환

:
:
:

서 있는 자리를 바꾸어 보자!

생각의 전환이라는 것이 그리 어려운 일도 아니다.

어느 수업 시간에 교수가 학생들에게 풍선을 가지고 게임을 했다.
풍선 속에 자기 이름을 써놓고 바람을 불어 넣으라고 했다.
그리고 그 풍선을 천장으로 날려보내라고 했다.
그리고 나서 학생들에게 자기 이름을 넣은 풍선을 찾으라고 했다.
그것도 5분 안에 말이다.

갑자기 교실 안이 아수라장이 되었다.
자기 이름을 넣은 풍선을 찾느라 부딪치고 밀치고
어수선하게 되었다.
5분이 되었지만 자기 이름이 있는 풍선을 찾은 학생은
어느 누구도 없었다.

명상이 별거냐

어떻게 해야 할까?

어떻게 하면 쉽게 찾을 수 있을까?

그렇다.

교수는 학생들에게 아무 풍선이나 잡아 풍선 속에 있는 이름을
불러주게 하였다.

기존의 프레임으로 보면 답이 나오지 않고,

기존의 마음가짐으로는 희망이 보이지 않는다.

시각을 조금만 바꾸면 새로운 것이 보인다.

힘들다고 하지만 조금 지나면 힘들지 않다.

전국이 코로나19로 어려움을 겪고 있다.

어쩌면 지금은 힘들고 괴롭겠지만

우리를 더욱 단단하게 해주는 기회가 될 수도 있다.

자기 것만 찾기보다,

다른 사람이 필요한 것을 찾아주는 마음을 가져보고,

시선을 다른 데로 돌려보는 것이다.

그래서 코로나19가 끝나면

우리 사회가 갖고 있는 갈등 중 어느 하나라도

극복하는 기회가 되었으면 좋겠다.

마음의 태도를 바꾸자

⋮

⋮

⋮

태우면 어쩌지?

요리하려고 하는데 걱정한다.
시작도 하지 않았는데 몇 번 태웠던 경험이 있는 것이다.
그래서 미리 걱정한다.

이런 감정은 일상생활에서도 많이 경험한다.

아침에 일찍 일어나야 하는데 늦게 일어나면 어쩌지, 라고도 하고,
이번 시험에 공부해도 성적이 떨어지면 어쩌지, 라고도 하고,
부탁을 해야 하는데 거절하면 어쩌지, 라고도 한다.

부정적인 생각이다.
아니면 그러지 않으려고 하는 반동일 수도 있다.
그렇지만 상황에 부정적으로 반응하고 있다.

미세하지만.

무엇인가 하려고 하는데 전에 부정적 기억이나 경험이
나를 붙잡고 있다.

이 순간을 알아차려야 한다.
아! 내가 걱정하고 있구나.
아! 부정적인 프레임에 빠져있구나.

부정적인 생각을 계속하다 보면 하나의 프레임이 생긴다.

이럴 때는 생각하는 방향을 돌리면 좋겠다.
이렇게 말이다.

맛있는 음식을 만들고 싶은데 태우지 않으려면 어떻게 하면 되지?
시험 성적을 올리려면 어떻게 하면 되지?

단순히 질문을 바꾸는 것이 아니라 마음의 태도를 바꾸는 것이다.
일상의 사소한 일에서부터
부정적 태도에서 긍정적 태도로 말이다.

몸이 매워하는 것이다

.
.
.

매운 음식을 먹었다.
맵다고 하길래
몸이 매워하는 것이라고 말했다.
그랬더니 옆에 있는 누군가가 그런 소리 하지 말란다.
말도 안 되는 소리라는 것이다.

매운 것은 누구일까?
어려우면서도 쉬운 문제다.

어려운 이유는 몸에서 벗어나지 못해서다.
몸에서 벗어나 보면 안다.
매워하는 것은 내가 아니라는 것을.
몸이 매워하는 것이다.

쉬운 이유는 몸에서 벗어났기 때문이다.

명상이 별거냐

더 설명할 이유가 없다.

몸이 매워하는 것이고,

몸이 매워하는 것을 내가 맵다고 하고 있다.

몸과 나를 분리하고,

몸에서 벗어나면,

내가 매워하는 것이 아니라,

몸이 매워한다는 것을 안다.

감정이 문제 되는 것은

감정을 나로 인식하고 있기 때문이다.

이것도 어려우면서도 쉬운 문제다.

참아라, 참아라, 참아라?

⋮

⋮

⋮

참는 것이 최선이라고 한다.
그래서 참아라! 참아라! 참아라! 라고 한다.
'참을 인' 자 세 번이면 살인도 면한다고 한다.

이제는 바뀌어야 한다.

감정이 참는 것인가?
참아서 결국 좋아졌는가?
감정은 참는 것이 아니다.

감정은 어린애와 같다.
어르고 달래야 한다.
어른이 어린애에게 하듯이 말이다.

그런데 참으라고만 한다.

그러면 되는 줄 알았다.

감정에 대해 모를 때는

참아라! 참아라! 참아라!

이 말이 너무 좋았다.

이 말을 하기 위해서는

우선

사람의 마음과 감정에 대해

이야기해야 한다.

감정을 참으면 언젠가는 튀어나온다.

어린애 중에 애어른이 있다.

말하는 것이나 행동하는 것이나 어른스럽게 한다.

그래서 주위 어른들이 칭찬한다.

그 애는 어른스럽게 하면 칭찬받을 수 있어,

자신의 감정을 감춘다.

힘들어도 참고,

먹고 싶은 것도 참고,

하기 싫어도 참고,

떼를 부리고 싶어도 참고,

그런데 한계가 있다.

중학교나 고등학교에 가서 입시 스트레스를 받으면 참았던 감정이
튀어나온다.
이 시기가 아니면 대학에 가서 나온다.
어디로 어떻게 튈지 모른다.

감정은 해소해야 한다.
먹고 싶으면 먹고,
자고 싶으면 자고,
하고 싶은 것 하고,
하기 싫은 것은 하지 않으면 된다.
해소하는 데 빠지라는 것이 아니다.
감정에 매몰되는 것이 아니다.

본인 스스로 참는다는 생각이 들지 않으면 된다.
어느 정도 해소해 주면 된다.
어느 정도 배려해 주면 된다.
그럼 스스로 안다.
뭔가 하고 싶은 감정이 해소되었다는 것을.

참아라! 참아라! 참아라!
이렇게 해야 할 상황이 있다.
당장 코앞에 닥친 일을 해야 할 때 독려하는 말이다.
이때는

명상이 별거냐

자고 싶어도 조금 참고,

놀고 싶어도 조금 참고,

하기 싫어도 조금 참을 수 있다.

그리고 나서 휴식을 주면 된다.

참아라! 참아라! 참아라!

자신의 모든 감정을 그러는 것은 아니다.

감정은 해소해야 한다.

감정은 소와 같아서,

뒤에서 조용히 몰고 가면 된다.

억누르지 마라.

그리고 일어나라.

신념 그리고 불합리한 신념

⋮

⋮

⋮

신념이라는 게 있다.

내가 하는 것은 옳아,
내가 판단하는 것은 옳아,
내가 결정하는 것은 옳아,
주변에서도 내가 옳다고 하고 있어,
내가 옳다는 자신에 대한 믿음이다.

신념에는 불합리한 신념이 있다.
판단 근거도 불분명하고,
옳다, 그르다, 이분법으로만 보려고 하고,
보고 싶은 것만 보려고 하고,
부정적 시각으로 보는 신념이다.

이런 사람들에 대한 이야기를 들은 적 있다.

태평양 전쟁 시 일본인의 죽음에 대한 믿음이다.

오키나와에 가면 어느 도시 중앙에 우물이 있다.

그 우물은 오키나와가 미군에 점령당하게 되자 어린 여고생들이
투신하여 자살한 곳이다.

미군은 오키나와에 들어오지도 않았다.

매년 그곳에서는 어린 혼을 달래는 의식이 이뤄지고 있다.

태평양에서 일본으로 들어가는 길목에 유황도라는 섬이 있다.

일본어로는 이오지마라 한다.

그 섬에 가본 적이 있다.

실제 섬이 무척이나 뜨겁다.

어느 곳이나 땅을 파서 들어가 앉으면 사우나가 될 정도다.

이 섬 땅속에는 미로 같은 땅굴이 있는데 직접 들어가 보았다.

통로가 좁기도 하지만 땅의 열기로 답답할 정도로 덥다.

구 일본군 한 개 사단 정도가 그 섬에서 옥쇄하였다.

2차 세계대전 말에 미군이 성조기를 세우는 사진으로 유명한
일화가 있는 곳이기도 하다.

일본인에게는 왕을 위해 죽는다는 신념이 있었다.

그리고 죽으면 신이 된다는 믿음도 있었다.

이런 신념이 그들을 자연스레 목숨을 끊게 했다.

무서운 신념이다.

불합리한 신념이었다.

구 일본군이 패한 이유에는 이런 불합리한 신념도 포함된다.

자기 스스로 자신의 불합리한 신념을 본 적이 있는가?

자신을 끌고 가고 있는 불합리한 신념을 찾아내야 한다.

그래서 그 신념이 어디에서 비롯되었는지 원인을 밝혀야 한다.

그래야 그 신념이 무너진다.

불합리한 신념이 말이다.

나를 위해 음식을 만들자

⋮

⋮

⋮

얼마 전 집에 있으면서 부추전을 만들었다.

부추전이 먹고 싶어서다.

그리 어렵지 않았다.

부추를 사 와서 씻고 소금으로 가볍게 간을 했다.

그리고 부침가루로 반죽을 만들어 그 위에 부추를 넣었다.

프라이팬에서 전 모양으로 작게 구웠다.

냄새도 좋았고 맛도 괜찮았다.

맛있었다.

가족들이 집에 돌아와서 부추전을 맛있게 먹었다.

내가 먹으려고 만든 것인데.

불현듯 이런 생각이 들었다.

주방 일에 초보자라 여러 가지 음식을 만들지 못하지만,

나를 위해 음식을 만들면 좋겠다고 말이다.

내가 먹고 싶은 것을 만들자.

가족에게 음식은 아주 소중하다.
허기를 달래는 것 이상이다.
집에서 누군가가 만든 음식으로 가족 간의 관계가 형성된다.

아내가 만들 수도 있고,
남편이 만들 수도 있고,
아이가 만들 수도 있다.
물론 아내가 거의 대부분을 요리한다.
감사하다.

누군가를 위해 무엇인가를 할 때
자신의 욕구도 바라보았으면 좋겠다.
하고 싶고 먹고 싶은 것을 참지 않았으면 좋겠다.
욕구나 욕망을 억누르지 않는 것이다.
그러면 좋겠다.

감정은 억누르는 것이 아니라 해소하는 것이다.
먹고 싶은 욕구를 일부러 회피한다고 해결되지 않는다.
욕구는 해소하면 된다.
해소하면 감정의 찌꺼기가 남지 않는다.

명상이 별거냐

그래서 내 감정이 우선이다.

감정을 어떻게 해소할까?
먹고 싶은 욕구가 있을 때 먹으면 된다.
그날그날 먹고 싶은 음식이 있으면 찾아가서 먹는다.
칼국수가 당기면 칼국수를 먹으러 가고,
백반이 당기면 백반을 먹으러 가고,
자장면이 먹고 싶으면 자장면을 먹으러 간다.

집에서도 자기가 먹고 싶은 음식을 만들자.
밥을 먹고 싶으면 밥을 하고,
국수를 먹고 싶으면 국수를 하고,
라면을 먹고 싶으면 라면을 만든다.
내가 먹고 싶은 것이다.

그러다 보면 누군가는 본인 먹고 싶은 것만 만든다고
불평할 수도 있다.
미안한 마음이 들 수도 있지만,
그러거나 말거나.

감정을 억누르면 언젠가는 돌출한다.
감정을 해소하기 위해 꾸준히 노력해야 한다.
결국 가족을 위한 일이다.

내 욕구를 해소하다 보면 가족이 보인다.
나보다 가족이 우선이면 조금은 버겁다.
그러다 지친다.

내 욕구를 해소하기 위해 애를 쓰자.
내가 먹고 싶은 것을 하다 보면 모두 좋아한다.
내가 좋아하는 것을 가족도 좋아하게 된다.

나에게 더욱 관심 두자.
그러면서 가족 한 사람 한 사람이 새로이 보인다.
그러면 된다.
내가 가족이고, 가족이 내가 되는 것이다.

명상이 별거냐

아이가 나를 닮지 않길 바란다면

.
.
.

.
.
.

.
.
.

아이가 나를 닮지 않길 바란다?
아니면 아이가 나와는 다르길 바란다?

어리석은 질문인 것 같다.
어떻게 우리 애가 나와 닮지 않을 수 있을까?
부모 자식 관계를 유전자로 설명하지 않더라도
나로 인해서 태어난 자식이 나와 다르기를 바라는 것은
좀 과한 욕심이다.

그럼 이런 질문은 어떨까?
'아이가 나를 닮지 않기 위해 내가 무엇을 하면 좋을까?'로 말이다.

자식을 위해 내 할 일을 찾는 것이다.
아이에게 무엇인가를 요구하고 바라는 것이 아니라
부모 자신이 할 일을 찾는 것이다.

내가 달라지면 아이도 변한다.

나는 그대로인데 아이는 그렇지 않길 바란다?

말이 안 된다.

부모가 달라지면 아이가 달라진다.

아버지가 달라지고,

어머니가 달라지면 된다.

어떻게 달라질 수 있을까?

내 에너지를 어떻게 변화시킬까?

쉽지 않다.

그렇지만 할 수 있다.

내 에너지를 바꾸면 자식의 에너지도 바꿀 수 있다.

가정이라는 공간에서 살다 보면 물들게 된다.

그렇게 되길 바라는 마음으로 말이다.

우리 애가 나를 닮지 않길 바라기보다

우선 내가 달라지면 된다.

다시 태어나려는 마음을 갖는 것이고,

다시 태어나기 위해 애를 쓰는 것이다.

질문 잘하는 아이

⋮

⋮

⋮

여러 사람과 아이 공부에 관해 이야기하였다.

부모라면 누구나 우리 아이가 공부 잘하길 바란다.

그러면서 자기 주도적인 공부 자세에 관해 이야기하였다.

자기 주도적으로 공부하는 아이는 어떤 아이일까?

스스로 질문할 수 있고,

스스로 질문에 답할 수 있는 아이다.

질문할 수 있다는 것은 뭘까?

처음에는 모를 때 질문한다.

누구나 처음에는 모르는 게 많다.

모르면 질문하게 된다.

수업을 들으면서 모르는데 그냥 넘어갈 수 있다.

질문하는 것이 왠지 마음에 내키지 않는다.
분명히 이해되지 않는데 질문하는 것이 귀찮고 창피하기도 하다.

한두 번 그러다 보면 모르는 것에 대해 그냥 넘어가게 된다.
그리고 시험공부 할 때 고생한다.
모르는 게 너무 많은 것이다.
모르는 상태에서 시험을 본다.
당연한 결과가 나온다.

모르는 것은 질문해서 알아야 한다.
질문하는 것은 내가 모른다는 것을 인정하는 것이다.
창피하지 않다.

그러다 보면 질문의 내용이 달라진다.
몰라서 알기 위해 질문했던 것이 수업 내용 자체에 대해 질문을
하게 된다.

전에 설명한 것과 비교하기도 하고,
설명에 뭔가 부족한 것이 보이고,
뭔가 다른 이유가 있어 보이기도 하고,
자신의 의견이 보이기도 한다.

그럴 때 질문을 하게 된다.

명상이 별거냐

질문을 할 수 있다는 것은 깨어있다는 것이다.

모르는 것을 알고,

차이를 알고 있기에 질문을 한다.

공부 잘하는 애는 질문을 잘하는 애다.

누군가에게 질문해서 답을 들을 수도 있고,

스스로 자신에게 질문해서 답을 찾을 수도 있다.

공부 잘하는 애는 공부하고 나서 스스로 자신을 테스트한다.

셀프 시험을 보는 것이다.

알고 있는 것과 모르고 있는 것을 알아내기 위한 것이다.

셀프 시험을 통해 모르고 있는 것을 줄여나간다.

이런 셀프 시험도 자신에 대한 질문에서 비롯된 것이다.

질문을 통해 알기 시작하고,

질문을 통해 성장한다.

질문의 내용도 중요하다

:
:
:

왜?

어떻게 하지?

'왜?'라는 질문을 할 때가 있고,

'어떻게 하지?'라는 질문을 할 때가 있다.

적절하게 질문을 할 수 있어야 한다.

그리고 질문의 대상도

나에게 하는 질문도 있고,

타인에게 하는 질문도 있다.

이것도 적절하게 할 수 있어야 한다.

'왜?'와 '어떻게 하지?'의 차이는 뭘까?

'왜?'라는 질문은 걸어가다 멈추는 느낌으로 과거지향적이다.

눈에 보이거나 일어난 현상에 대한

이유, 원인을 알고자 하는 것이다.

이해가 되지 않거나 모를 때는 왜? 라는 질문을 한다.

'왜?'라는 질문을 자기 자신에게도 할 수 있다.

자문하는 것이다.

자신에게 질문하고 나면 언젠가는 그 답을 찾게 된다.

정답을 찾을 수도 있지만, 답을 찾는 방법을 알게 될 수도 있다.

그러다 보면 관련된 누군가에게 질문하게 된다.

'어떻게 하지?'라는 질문은 의지를 갖고

나아가려는 마음이 담겨있어 미래지향적이다.

지금은 미래가 명확하게 보이지 않지만,

그 방법을 알고 싶은 것이다.

스스로 자기에게 질문한다.

어떻게 하지?

긍정적 의식으로 질문하는 것이다.

자조적이고 부정적으로 '어떻게 하지?'가 아니다.

자신에 대한 믿음을 가지고

스스로 자기에게 묻는 것이다.

어떻게 하면 문제를 풀 수 있을까?

해결 방법을 알고 싶다!

나는 할 수 있다!

긍정적인 마음 자세다.

그러다 보면 해결 방법을 찾게 된다.

자문자답을 늘 하면서 자신에 대한 믿음을 갖는다.

나는 이미 답을 알고 있기 때문이다.

자문자답 해보자.

왜?

어떻게 하지?

자문자답을 할 수 있어야 한다

⋮

⋮

⋮

자문자답을 할 수 있으면 학습뿐만 아니라 하고자 하는 일을
뭐든지 잘할 수 있다.

자문자답은 스스로 문제를 내고 답을 찾는 것이다.

공부 잘하는 애들을 대상으로 조사해본 결과가 있다.
이 애들의 공통점은 시험 보기 전에 셀프테스트를 한다는 것이다.
스스로 시험문제를 내보고 풀어보고 채점을 한다.
그래서 틀리거나 모르는 문제 위주로 시험 보기 전에 집중적으로
마무리한다.

여기서 유심히 살펴야 하는 것은 이 애들의 시험에 대비한 자신의
시간 계획이다.
시험공부를 시작하기 전에 이미 이 애들은 셀프테스트를 위한
시간을 마련한다.

그 시간을 확보하기 위해 공부하는 속도를 조절한다.

공부하는 도중에도 어느 정도 공부하고 나면 중간중간 셀프테스트한다.

마지막 셀프테스트에서는 전체적으로 다시 점검하는 것이다.

자기 주도적 학습을 하는 패턴이다.

이런 애들 중에는 새로운 방법을 모색하는 애도 있다.

선생님 입장에서 시험문제를 출제해 보는 것이다.

이번 수학 시험에 수학 선생님이라면 어떤 문제를 낼까?

수업 시간에 강조했던 내용을 되새겨 본다.

그리고 시험문제를 내어본다.

그에 맞추어 공부한다.

자문자답이 내 중심에서 타인 중심으로 넘어가는 것이다.

이런 생각을 할 수 있다면 학습은 스스로 하게 된다.

재미있다.

시행착오를 겪으면서 조금씩 조금씩 나아간다.

초등학교, 중학교, 고등학교를 거치면서 많은 시험을 거친다.

아마 수능 볼 시기가 되면 수능 문제까지 예상할 것이다.

이런 아이를 기대해 보면 어떨까?

이런 아이는 대학교를 졸업하고 사회에 나가게 되면 이때부터
본격적으로 능력을 발휘한다.
셀프테스트했던 경험으로 업무를 그렇게 하기 때문이다.
무엇을 하든 위게임을 해본다.
처음에는 내 입장에서,
다음은 상대 입장에서.
사람의 심리를 파악하고,
문제 해결 방법을 알게 된다.

보고서를 써도 그 보고서를 읽는 사람의 입장에서 쓰게 된다.
상품을 개발해도 소비자 입장에서 만든다.
선거를 해도 이기는 선거를 한다.
협상해도 상대를 압도한다.

자문자답의 궁극적 질문은 자신에 대한 것이다.
나는 누구일까?
인간이란 뭘까?
자문자답하는 과정은
자아 성찰 과정이다.

알고 책을 보자

⋮

⋮

⋮

책을 대하는 입장 차이가 있다.

알기 위해 책을 보는 것이 있고
알고 책을 보는 것이 있다.

책을 대하면서 하나의 고정관념이 자리 잡고 있다.
알기 위해 책을 보고
책을 읽고 지식을 쌓는 것이 전부라고 말이다.

명상 공부를 하다 보면 많은 책을 접하게 된다.
명상 관련 책은 수십만 권 이상일 것이다.
그렇다고 그 많은 책을 다 읽을 수도 없다.
그래서 다른 방법이 없으니 근래 나와 있는 책부터 읽기 시작한다.
그러다 보면 일반적인 책이 아닌 보다 깊은 내용이 담긴 책을
찾기 시작한다.

명상이 별거냐

고전에 관심 두게 되고,

내용이 너무 함축적이라 구미가 당기고 뭔가 있는 것 같아 들여다

본다.

헉!

쉽지 않다!

그래도 봐야 하니 읽어는 본다.

어느 순간부터는 도대체 책이 무엇인지에 대해 알고 넘어가야

할 때가 생긴다.

책에 있는 내용은 무엇을 말하고 있는지,

거기에 있는 내용은 다 맞는 것인지,

어떻게 그런 책을 쓸 수 있었는지 궁금해진다.

책은 그 책을 쓴 저자의 주장이다.

책 읽는 사람은 그 사람의 주장을 읽고 있다.

그 책은 그 사람의 것으로,

그 사람이 경험하고 체득한 것을 기록한 것이다.

주관적이다.

책을 읽는 사람은 아직 그런 경험이 없으니

그 책의 내용을 따라갈 뿐이다.

책을 읽고 그 내용을 기억하는 것이 중요한 것이 아니라

그렇게 되는 것이 중요하다.

기억하고 있다고 해서 그것이 내 것이 아니다.

책을 통해서 원하는 그런 상태가 되는 것이 내 것이 되는 것이다.

책에 나와 있는 내용을 보면서 내가 직접 해보는 것이다.

그렇게 되는지를.

이런 과정은

알기 위해 책을 보는 것이고

배우기 위해 책을 보는 것이다.

그러다 생각의 변화가 생긴다.

내가 알게 된 것을

다른 사람은 어떻게 말하고 있을까?

다른 책에는 뭐라고 쓰여져 있을까?

내가 경험한 것을 다른 사람은 어떻게 표현했는지 궁금해진다.

그때부터 이 책 저 책을 보면서 나하고 비슷한 것을 말하고 있구나!

내가 경험한 것이 틀리지 않았네!

내가 경험한 것을 저렇게도 표현하네!

내가 미처 몰랐던 것은 저것이네!

명상이 별거냐

책을 통해서 알게 되는 것이 다르다.

내가 얻은 것을 확인하고 점검하기 위해 책을 본다.

책에 대한 입장이 바뀐 것이다.

고수와 하수의 차이다.

중용이라고 하는 것은

⋮

⋮

⋮

중용이라는 것은 뭘까?

어느 날 저녁 편의점 파라솔에 앉아 중용에 관한 이야기를 하게
되었다.
어느 분이 중용에 대해 중간이라는 개념으로 이야기하였다.
시소의 가운데,
적당한 온도,
좌우도 아닌 중도라는 의미다.
중용에 대해 이렇게 이해하는 것이 아마 일반적이다.

중용의 의미는 중간이라는 것에서 좀 더 의미확장이 되어야 한다.
시소의 가운데에 있게 해주는 힘,
덥고 차가운 것을 적당하게 할 수 있는 힘,
좌우를 포용 할 수 있는 힘으로
중용을 볼 수 있다.

명상이 별거냐

좀 더 내면적으로 들어가면 중용에 더 깊은 의미를 맛볼 수 있다.

감정이 한쪽으로 치우치는 것을 잡아줄 수 있는 또 다른 나,

생각이 편향되는 것을 알아차리는 또 다른 나,

자신의 프레임을 발견하고 내려놓는 또 다른 나,

이것도 중용의 의미로 볼 수 있다.

중용은 하나의 관념이기보다

상태이고

그런 상태가 이루어지는 존재의 표현이기도 하다.

중용은 관념이 아닌

처절한 실존이다.

지혜를 배우는 방법

⋮

⋮

⋮

안다는 것은 무엇일까?

'안다'라는 개념은 지혜를 배우는 데 중요하다.
안다는 것은 머리로 아는 것이 있다.
이것은 이해하고 있다는 것이다.

그리고 아는 것을 실천으로 옮겨 행동하는 것이 있다.
지행합일이다.
아는 것을 행동으로 옮겨야 안다고 할 수 있다.
'머리로 아는 것'도 있지만 '머리로 알고 행동하는 것까지를 안다'
라고 할 수 있다.
그러나 머리로 알고 이해하는 것만을 안다고 한다.

그러다 보니 지식을 많이 축적하고 책 많이 보는 것을
공부라고 한다.

명상이 별거냐

머릿속에 정보는 늘어나지만,

그 정보를 다 활용할 수도 없고 머리가 무겁다.

'머리로 알고 행동하는 것'이 필요하다.

지혜는 알고 행동하는 가운데 나오기 때문이다.

머릿속에 저장되어 쓰이지 않는 지식은 그냥 하나의 정보에

지나지 않는다.

그 지식이 일상생활뿐만 아니라 자신이 나아가는 데

도움을 줄 수 있다면 지혜가 된다.

일상생활을 하는 데 있어 많은 지식이 필요하지는 않다.

물론 직장에서 업무를 보거나 전문적인 일을 하기 위해서는

그 분야의 전문적인 지식을 습득해야 한다.

그러나 전문적인 지식을 습득하더라도 선행해야 할 것은 있다.

머릿속에 있는 지식을 쓰는 방법,

다시 말해 지행합일을 어떻게 하는 것인가에 대한 이해가 필요하다.

아는 것을 어떻게 실천할 수 있을까에 대한 고민과 사고 과정이

필요하다.

그리고 나서 전문적인 지식을 습득한다면 보다 다양한 지식을

내 것으로 만들 수 있다.

어떻게 아는 것을 실천하고 행동할 수 있을까?

우선 하고자 하는 일 관련하여 최소한의 정보를 얻는다.

밥 짓는 방법을 배우려면 어머니에게서 쌀 씻고 물 맞추는 방법을

들어야 하듯이 말이다.

그리고 직접 해본다.

처음에는 잘되지 않는다.

물 양을 맞추기가 어렵다.

물 양을 맞추기 위해 손등까지 하라고 하지만

어머니의 손과 내 손의 크기가 다르다.

그 차이를 인식하게 된다.

그러면서 몇 번 반복하다 보면

내 손에 맞는 물의 양을 정할 수 있다.

내가 정한 물 양으로 몇 번 반복하면서 밥을 맛있게

할 수 있게 된다.

나중에는 감으로 물 양을 정하는 단계까지 이르게 된다.

밥 짓는 것에 대해 감을 잡게 된 것이다.

이제 밥 짓는 방법이 내 것이 된다.

밥 짓는 방법을 배우는 과정에서 지행합일의 과정을

발견할 수 있다.

하나의 지식을 내 것으로 하는 과정이다.

최소한의 지식으로 직접 실천하고 반복하면서 자신의 것으로

만드는 것이다.

이때 성찰의 마음가짐이 필요하다.

명상이 별거냐

밥 짓는 방법과 같은 형이하학적인 것을 이해하고 나서는
형이상학적인 것도 이런 과정을 거치면 된다.

無我라는 추상적인 개념이 있다.
글자로 보면 추상적이지만 행동하게 되면 실제적인 것이 된다.

우선 無我에 대한 개념을 문자를 통해 이해한다.
나라고 하는 것이 자성이 없어 인연에 따라 일어나고 사라지는
것이 무아다.
그리고 일상생활에서 무아가 무엇인지 찾아본다.
자신의 내면에서 찾는다.

아침에 약간 짜증이 났었는데 사무실에 오는 도중에
짜증이 없어지는 것을 알게 된다.
시간이 지나면 어떤 감정은 없어진다는 것을 알게 되는 것이다.
무아다.
무아를 자신의 내면에서 찾는 것이 어렵기도 하고 알고 나면 쉽다.

무아의 측면에서 일상생활 하나하나를 바라본다.
자신의 감정, 생각, 행동을 무아의 측면에서 바라보려고 하다 보면
어느 사이에 무아라는 개념이 하나의 프레임이 된다.
무아가 되고 있는 것이다.
마음공부하는 과정이다.

공부하는 방법이고 지혜를 배우는 과정이다.

그런데 지식을 축적하는 것을 공부라고 알고 있다.

그러니 자신의 문제를 스스로 해결하지 못한다.

그러니 공부가 진전이 없다.

그러니 같은 잘못을 평생 반복한다.

명상이 별거냐

생활명상
방법

4

지하철에서

밥하면서

양치하면서

걸으면서

밥 먹을 때

이야기할 때

횡단보도에서

화났을 때

커피 마실 때

잠자리에 들면서

일할 때, 공부할 때

지하철에서

⋮

⋮

⋮

지하철은 명상하기에 아주 적합하다.

하루에 지하철을 타는 시간이 얼마나 될까?
직장을 다니는 사람이든
아니면 볼일을 보러 가는 사람이든
어딘가에 한 번 다녀오면 1시간은 족히 될 것이다.

이 시간을 이용해서 명상을 해보는 것이다.
적당한 소음이 있고
다른 사람의 간섭을 받지 않는 자기만의 공간과 시간을 확보할 수
있다.

지하철을 기다리는 시간도 명상으로 활용할 수 있다.
스마트폰을 보는 대신에 명상을 한다.

양발을 바닥에 대고 편하게 선다.
머리부터 가방을 멘 어깨, 허리, 다리, 발을 느껴본다.
그리고 무심하게 숨을 쉬고 있는 배를 느껴본다.
지하철이 올 때까지 그러고 있는다.

지하철이 오면 탄다.
명상하기에는 앉아있어도 되고 서 있어도 좋다.

지하철 내 여러 가지 소리는 그냥 소리일 뿐이다.
다음 내릴 역을 한 번쯤 생각해 둔다.
그렇지 않으면 명상에 빠져 지나치기도 한다.

스마트폰을 주머니에 넣고 한 손으로는 손잡이를 가볍게 잡는다.
머리, 어깨, 허리, 다리, 발을 느껴본다.
턱도 가볍게 당긴다.

숨 쉬고 있는 자신의 몸을 느낀다.
가쁜 숨을 내려놓고
숨을 헤아려 본다.
하나 둘 셋….

다른 생각이 들어오면 다시 센다.
하나 둘 셋… 열

열이 되면 다시 하나 둘 셋… 열
반복한다.

역과 역 사이에서 서너 번 반복할 수 있다.
그러다 보면 주변 사람들이 보인다.
스마트폰을 보고 있는 사람,
졸고 있는 사람,
그냥 서 있는 사람,
여러 사람이 보인다.
그리고 자신이 보인다.

짧은 시간에 일을 생각하는 것보다 잠시 생각을 멈춰, 자신에게
집중하는 시간을 갖는다.
그것으로 충분하다.

내릴 역이 오면 그냥 내리게 된다.

명상이 별거냐

밥하면서

⋮

⋮

⋮

밥하는 시간은 좋다.

요즘은 집에서 남자들도 많이 한다.
혼자 사는 사람들도 자신을 위해 밥을 한다.
밥은 누구나 할 수 있다.

밥은 삶을 유지하고,
밥은 너와 나를 이어주고,
밥은 나를 표현하는 수단이다.

식당을 하는 어느 분은 밥할 때마다 108배를 한다.
이 식당에 자주 오는 기자는 이상하게 이 집 밥맛이 좋다고 한다.
궁금했다.
왜 이 집 밥맛이 좋을까?
주인에게 물었다.

다른 비법은 없고 밥 짓기 전에 108배를 한다고 말했다.

아!

기자는 그때 알았다. 밥맛이 좋은 이유를.

밥은

가족을 위해서건

자신을 위해서건

소중한 것이다.

그런 밥을 할 때 명상을 할 수 있다면 얼마나 좋을까?

그렇다고 어떤 복잡한 절차가 있는 것은 아니다.

그냥 밥하는 순간에 집중하는 것이다.

딴생각하지 않고 그냥 있는 것이다.

그런데 이런저런 생각이 올라온다.

그럼 잠시 손을 멈춘다.

숨을 쉬어 본다.

하나 둘 셋… 열

하나 둘 셋… 열

그리고 하던 일을 계속한다.

그것뿐이다.

오로지 밥 짓는 것만 하고 있을 뿐이다.

그러면서 이 밥을 먹고 있는 누군가를 떠올려 본다.

즐겁다.

좋다.

손에 힘이 들어가 있으면 가볍게 힘을 뺀다.

몸의 힘도 뺀다.

그것으로 충분하다.

오로지 밥만 짓고 있는 것이다.

그게 명상이다.

힐링이고 사랑이다.

양치하면서

:

:

:

양치하면서 거울 보기

하루에 한 번 이상은 양치를 한다.

소중한 시간이다.

양치하면서 무엇을 할까?

양치만 할까?

이런저런 생각도 한다.

양치하면서 거울을 보고

거울을 통해 자신의 모습을 본다.

그것뿐인가?

아니다.

지금까지 지내 온 또 다른 자신의 모습도 본다.

어쩌면 진짜 내 모습을 볼 수도 있다.

명상이 별거냐

양치하면서 명상을 하면 좋겠다.

이때의 명상은 그냥 거울을 바라보는 것이다.

하루에 거울을 여러 번 보겠지만 아마 외모 위주로 볼 것이다.

거울 보는 짧은 순간을 자신에게 충실한 시간으로 만들자.

오로지 자신에게 충실해 보면 어떨까?

뭔가 쫓기는 자신을 발견할 수도 있고,

뭔가에 빠진 자신을 발견할 수도 있고,

뭔가 조급한 자신을 발견할 수도 있다.

그러는 것이다.

양치하면서 그냥 거울을 바라보는 것이다.

그것도 또 다른 명상이다.

그러다

생각에 빠진 자신을 발견하기도 한다.

늘 무엇인가 골똘히 생각하고 생각에 끌려다니고 있는

자신을 말이다.

그런 자신에게 측은지심이 생긴다.

그리고 살아왔구나!

수고했다!

이제부터는 가끔 휴식을 주고 싶다.

생각하는 너도 좀 쉬어봐.

생각을 쉬어도 아무 문제 없어.

아니 더 잘 돼.

양치하면서 하는 명상은 그냥 거울을 바라보는 것이다.

바라볼 수 있어야 한다.

양치하다 생각이 일어나면 그때 거울을 본다.

왜 그런 생각을 하는지 자신을 봐라.

생각이 멈춰 서지 않으면 양치하는 것을 멈춘다.

숨을 들이쉬고 내쉰다.

하나 둘 셋… 열

하나 둘 셋… 열

생각이 가라앉는다.

그럼 양치를 시작한다.

거울을 본다는 것은 사람만이 할 수 있다.

동물은 거울을 보지 못한다.

거울에 비친 모습이 자신이라는 것을 알지 못한다는 것이다.

사람만이 거울을 보면서 자기 자신이라는 것을 안다.

인류가 진화한 성과 중에 아주 소중한 것이다.

그래서 양치질하면서 거울 보는 것은 의미가 있다.

명상이 별거냐

화장실에서 나올 때는 뭔가 개운하고 정리된 듯한 느낌이 든다.
화장실에 들어가고 나오는 사이에 내가 달라졌다.

걸으면서

⋮

⋮

⋮

걷는 동안에 무엇을 하고 있을까?
생각이다.
어떤 생각에 꽂혀 그 생각을 하고 있고,
아니면 이 생각 저 생각을 하고 있다.
그러면서도 잘 걷는다.

어떻게 왔는지 모를 때도 있다.
어느새 와 있다.

걸으면서 잠시 생각을 쉬어봤으면 좋겠다.
스마트폰도 잠시 가방에 집어넣고
걸어서 가야 할 곳만 가볍게 생각할 뿐이다.

집에서 나갈 때 긴 호흡을 한 번 한다.
잘 다녀와야지 하는 마음으로.

명상이 별거냐

역에 갈 때까지,
정류장에 갈 때까지
잠시 생각을 쉬어본다.

생각이 나면 잠시 멈추어 선다.
그리고 다시 출발한다.

또 생각이 나면 잠시 멈추어 선다.
그리고 다시 출발한다.

그렇다고 조급해할 필요는 없다.
늦지 않게 갈 수 있다.

생각이 없다.
생각이 없다는 것을 한번 느낀다.
아! 생각 없이 여기까지 왔네.

생각을 쉬게 하는 방법을 터득해 가는 과정이다.

밥 먹을 때

⋮

⋮

⋮

밥 먹을 때는 그냥 밥만 먹는다.

집에서 식구들과 밥 먹을 수도 있고,
아니면 혼자서 먹을 수도 있다.

식구와 밥 먹을 때도 그냥 밥만 먹고,
혼자서 밥 먹을 때도 그냥 밥만 먹는다.

딴생각하지 않는다.
딴생각하면 상대는 금방 알아차린다.

밥을 천천히 씹으면 그 밥맛을 새로이 느낄 수 있다.
여태까지 느끼지 못했던 맛이다.
신선하기도 하다.

명상이 별거냐

그리고 가벼운 대화를 한다.

오늘 뭐했어?

누구 만났어?

뭔가 알고 싶어서 하는 이야기가 아니다.

일상을 공유하는 것이다.

서로를 이해하는 시간이다.

밥 먹으면서 뭔가 다른 생각이 들어올 수 있다.

급한 일일 수도 있고, 해결하지 못한 일일 수도 있다.

그럼, 생각에 빠지고

식탁에 앉아있는 누군가를 보지 못한다.

나만의 동굴에 들어가게 된다.

동굴에서 빠져나오기 위해

천천히 씹는 데 집중한다.

하나 둘 셋… 열

하나 둘 셋… 열

그래도 생각에서 빠져나오지 못하면

그런 자신을 가볍게 이야기한다.

지금 뭔가 할 일이 있어 생각이 오고가고 있다고.

생뚱맞은 말일 수도 있지만

밥 먹는 그 자리로 돌아오게 된다.

그리고 같이 있는 누군가와 함께한다.

밥 먹는 시간은 허기를 채우는 시간이 아니라 그들과 공유하는
시간이다.

무심하게 밥 먹으면서
식탁에 있는 사람과
그 자리에 함께 있는다.
그게 명상이다.

이야기할 때

⋮

⋮

⋮

누군가와 이야기하는 시간은 참 좋다.
상대를 아는 시간이고,
상대와 함께하는 시간이다.
그리고 나를 아는 시간이다.

이야기라는 것은 일상을 이야기하는 것이다.
오늘 있었던 일이기도 하고,
아니면 뭔가 하고 싶은 이야기일 수도 있고,
아니면 뭔가 가슴에 담았던 것을 말할 수도 있다.

상대를 안다는 것은 그리 쉽지 않다.
어쩌면 상대를 안다고 하는 것은
내 입장에서 상대를 보면서 '그래 알아'라고 할 수도 있다.
그것 말고 내 입장이 아닌 상대 입장에서 상대를 이해하는 것을
'안다'라고 하고 싶다.

그래서 이야기할 때 상대의 스토리를 들어보는 것이다.

그냥 듣는다.

상대의 말을 가만히 들어보자.

상대가 무슨 말을 하려고 하는지 들어본다.

약간의 건너뜀도 있고,

의미가 다른 것도 있고,

감정이 섞인 것도 있다.

잘 안 들리고 모르는 것이 있으면 물어보기도 하고,

감정이 섞여 있으면 '왜?'라는 물음을 마음속으로 가져보기도 한다.

그리고 맞장구도 쳐본다.

어느 순간 알게 된다.

상대가 무슨 말을 하고 있는지를,

상대가 하고자 하는 말이 무엇인지를,

상대의 마음을 알게 된다.

상대의 마음을 아는 순간에 내 마음도 알게 된다.

상대의 감정이 나에게 이입되어 흔들렸던 마음도 느끼고,

상대의 감정에 흔들리지 않는 내 마음도 보게 된다.

이야기할 때 그냥 듣는 것이 명상이다.

그럼 너를 알고 나를 알게 된다.

명상이 별거냐

횡단보도에서

⋮

⋮

⋮

하루에 횡단보도를 몇 번이나 건널까?
꽤 될 것 같다.

횡단보도에서 운이 좋으면 기다리는 시간이 없이
바로 건널 수 있다.
그런데 신호등 불빛이 깜박깜박거리면
서둘러 뛰어서 건너가려고 한다.

왜 횡단보도에서 기다리지 않으려고 할까?
그냥 습관인가?
왠지 시간 낭비라고 여기기 때문일까?

신호가 바뀌고 다음 신호까지 그리 길지는 않다.
생각에 따라 길 수도 있고 짧을 수도 있다.
기다리는 시간을 줄이기 위해 바빠 가기보다
그 시간을 활용해 보면 어떨까?

내 시간으로 만드는 것이다.

명상의 시간이 되는 것이다.

쉬는 시간이다.

무엇을 하면 좋을까?

그냥 쉬는 것이다.

바쁜 일이 있더라도 어차피 기다리는 시간이다.

생각을 바꾸는 것이다.

그래, 그냥 쉬자!

복잡한 생각이 있었으면,

이때라도 생각을 쉰다.

별생각이 없었으면,

그래도 그냥 쉰다.

좀 여유가 있으면 호흡하는 몸을 느껴본다.

하나 둘 셋… 열

하나 둘 셋… 열

바쁘게 돌아가던 머리가 가벼워진다.

뭔가 분주하던 마음이 좀 여유로워진다.

그러다가 녹색 신호가 들어오면 횡단보도를 건넌다.

명상이 별거냐

화났을 때

:

:

:

화는 내가 살아있다는 또 다른 증거이다.

그리고 나를 바로 볼 수 있는 수단이다.

더도 덜도 말고 있는 그대로의 자신을 볼 수 있다.

다른 사람은 모르지만 본인은 안다.

화는 정도의 차이가 있을 뿐

누구나 올라온다.

그리고 사람마다 화를 표현하는 방식이 다르다.

화가 났을 때 어떻게 해야 할까?

화가 났을 때 "어떻게 하지?"라는 생각을 하는 자체가 명상이다.

왜?

화에서 벗어나려고 애쓰는 마음을 갖는 것이

화에서 벗어나는 첫걸음이기 때문이다.

화에서 벗어나려는 마음만 갖고 있어도 충분하다.
그렇다고 쉽게 화가 누그러지지 않는다.

어느 정도 화에 대해 답답함을 갖고 있다 보면
새로운 물음이 생긴다.
왜 화가 날까?
왜 화는 내 의지대로 조절이 되지 않을까?
왜?
왜?
의문이 나를 가만두지 못할 정도가 되어야 한다.

조급해하면 안 된다.
화라는 감정은 누르면 안 되고 소중히 다루어야 한다.
화를 잘 이해해야 하고
화가 일어나는 흐름도 이해해야 한다.
그렇지 않으면 어디로 튈지 모른다.

화는 참는 것이 아니다.
표출하는 것이다.

왜 화가 나고,
무엇이 자기를 화나게 만들고,
왜 그 화가 자기를 가만히 두지 못하게 하고,

명상이 별거냐

자기는 그 화에 끌려다니고 있다는 것을
알아내야 한다.
자기 스스로 말이다.

이런 과정이 명상이다.

그렇다고 생각에 빠져있으라는 것은 아니다.
화에 대해 알고 싶은 물음을 자신에게 던져놓고 기다리는 것이다.
그게 명상이다.

커피 마실 때

⋮

⋮

⋮

하루에 커피를 몇 잔이나 마실까?

일어나서 한 잔,
사무실에 도착해서 업무 시작 전에 한 잔,
점심 먹고 한 잔,
오후 늦게 한 잔,
그러다가 손님이 오면 같이 또 한 잔.

이렇게 습관적으로 마시는 커피에서 한 잔 정도는
자기를 위해 마시자.

집에 있든
사무실에 있든
카페에 있든
어디에 있든지 상관없다.

명상이 별거냐

아메리카노도 좋고,

라떼도 좋고,

믹스도 좋다.

무엇이든지 좋다.

한 모금 마시고 좋아지는 느낌을 찾는다.

좋다.

또 한 모금 마신다.

좋다.

나만의 시간이다.

또 한 모금 마신다.

좋다.

그냥 이 시간을 즐긴다.

또 한 모금 마신다.

좋다.

그냥 좋다.

하루 한 번이라도 이러면 좋겠다.

잠자리에 들면서

⋮

⋮

⋮

잠자는 시간은 편안하면 좋겠다.
하루의 모든 피로를 풀고 잠자리에 드는 시간이다.

편안한 잠을 위해 무엇인가 준비한다.
최소한 30분 전부터 아무것도 하지 않고 누워 있는다.
이때 생각을 하면 잠을 설칠 수도 있고 밤새 그 생각으로
시달리기도 한다.

침대 또는 이불에 누워 몸을 이완한다.
발끝에서 시작하여
종아리,
무릎,
허벅지,
엉덩이,
허리,

가슴,

목,

턱,

입,

눈,

머리,

힘을 빼고

긴장을 푼다.

한두 번 반복한다.

숨 쉬고 있는 몸을 느낀다.

내가 내 몸을 위에서 바라보거나 떨어져서 바라보는 느낌이다.

그러다 잠에 든다.

일할 때, 공부할 때

⋮

⋮

⋮

일할 때,
공부할 때는
오직 지금 하는 것에 집중하고 몰입한다.

일하는 것,
공부하는 것 자체가 명상이다.

그런데
일하고 공부하는 데 방해되는
여러 가지 생각이 계속 일어난다.

일하거나 공부할 때
딴생각하는 것을
습관적으로 함께한다.

명상이 별거냐

일하면서 딴생각하고 있고,
공부하면서 딴생각하고 있다.
동시에 두 가지를 하고 있다.

깨어나야 한다.
알아차려야 한다.
아! 두 가지를 하고 있네.

잠시 긴 숨을 들이켠다.
다시 일하거나 공부를 시작한다.

그러다 어느새 또 다른 생각이 들어와서 함께하고 있다.
잠시 긴 숨을 들이켠다.
한 번 더.
호흡을 느낀다.
다시 일을 하거나 공부를 시작한다.

일하고
공부할 때
그 순간에 몰입하는 것이 명상이다.